UNSERE TRÄUME
und
UNSER LEBEN

UNSERE TRÄUME
und
UNSER LEBEN

Impressum

Bibliografische Information der Deutschen Bibliothek:
Die Deutsche Bibliothek verzeichnet diese Publikation in
der Deutschen Nationalbibliografie; detaillierte
bibliografische Daten sind im Internet über
<http://dnb.ddb.de> abrufbar.

Herstellung und Verlag: Books on Demand GmbH, Norderstedt

Printed in Germany

ISBN 3-8334-1358-1

Inhaltverzeichnis

Vorwort 7

Teil I

UNSERE TRÄUME 11
Von Träumen, Vorahnungen in unseren Träumen
und Informationsübertragung 13
Was ist Information?...13
Beispiel zur Informationsübertragung 14
Sind Träume nur Schäume? 14
Vorinformation in Traumphasen 15
Eine kleine Geschichte 17
Unsere Sinne zur Aufnahme von Informationen 18
Die Zeit 19
Unser Sehsinn 20
Zurück zur Zeit 21
Tierische Instinkte 23
Zusammenfassung -I 24
Wozu ist unser Gehirn nun fähig? 25
Wozu ist die Technik fähig? 25
Sind uns wirklich alle Formen der Informationsübertragung
bekannt? 26
Zurück zu unserem ersten Beispiel. 26
Wie läuft ein Prozess in unserer Umwelt ab? 27
Wie läuft nun ein Prozess in unserem Universum ab? 27
Auf unser Leben bezogen 29
Haben wir Anhaltspunkte für unsere Theorie? 30
So, das Prinzip hätten wir. Doch wo sind nun unsere
Informationen für unseren Traum? 32
Abruf und Informationsübertragung 33
Was ist Licht und was sehen wir? Des Rätsels Lösung? 33
Ja wir können es? Oder eher nicht? 35
Warum ist es dann nicht auch auf einen Film sichtbar? 35
Licht und geistige Bilder 37
Ein physikalisches Gesetz 40
Der Stand von Schlaf- und Traumforschung 43
Prognosen und Auswertung 45
Von Wölfen und Hunden 45
Noch einmal Photonen 46
Fazit 53

Zusammenfassung-II 54
Unsere Schwachstellen, wir suchen weiter 55
Noch einmal kurz zum Licht 56
Von Geistern und geisterhaften Erscheinungen 57
Ein Merksatz 61
Eine Theorie – Unsere Theorie 65
Einige Nachbemerkungen 66

Teil II

UNSER LEBEN **71**
Wir über uns 73
Ein Vergleich 74
Sinn des Lebens 76
Glückliches Leben 79
Entstehung des Lebens 81
Leben aus dem All 83
Erste Lebensformen in der Tiefsee? 83
Ursprung des Lebens in Höhlen? 84

Teil III

UNTER DER LUPE **85**
Biophotonen **87**
Kurze Einführung 87
Aufnahme von Biophotonen 89
Der Mensch und Biophotonen 89
Fragen 89
Morphische Felder **91**
Ein kleiner Überblick 91
Von Pferden und Zäunen 92
Von Wölfen, Hunden, Tauben und Vogelzug 94
Aussichten 96
Dimensionen **99**
Die 5. bis 11. Dimension 99
Chaostheorie **105**
Ein kurzer Abriss 105

Quellenverzeichnis 110

Vorwort

Die Frage nach dem Sinn des Lebens, sowie nach der Bedeutung von geistigen Bildern in unseren Träumen, ist vermutlich so alt wie die Menschheit selbst, zumindest eng mit ihrer Entwicklung verbunden. Da sich unsere frühsten Vorfahren seit der Steinzeit, mit ihren noch recht primitiv anmutenden Wissenstand, keinen Rat von Gelehrten, aus Büchern oder dem Internet holen konnten, so suchten sie dennoch nicht weniger nach Erklärungen. So entwickelten sich in allen Kulturen der Glauben an Götter, die man um Erleuchtung, Rat und Hilfe bitten konnte. Mutter Erde, aus deren Schoß wir stammen und die uns ernährt, sowie der Sonne als wärmenden Energiespender und die uns mit dem Licht versorgt um unsere Umwelt zu erkennen, fiel dabei in den Zeiten der Vielgötterei wohl bei den meisten Urvölkern eine besondere Rolle zu.

Wie wichtig vermutlich bereits bei Ihnen das Reich der Träume war, dieses können wir nur erahnen, wenn wir eine Brücke zu den Bräuchen von Schamanen oder denen der Aborigines schlagen. So gibt es gerade bei letzteren neben der realen Welt noch eine Traumwelt, in der sie durch einen tranceähnlichen Zustand hinüberwechseln können, um sich Rat aus dem Unbewussten zu holen.

Überlieferungen und Zeugnisse, die eindeutig belegen, das man sich mit der Traumdeutung und der Suche nach dem Sinn des Lebens beschäftigte, reichen bis in die Antike zurück. So soll bereits Aristoteles der Ansicht gewesen sein, das ein Mensch der zufrieden mit sich und seinem Leben ist, das dieser bereits den Sinn des Lebens gefunden hätte, weil das vollkommenste Lebensziel dasjenige wäre, welches man um seinen Selbstwillen sucht.

Seit dem es Schriftkundige gibt, gibt es auch Überlieferungen über die Suche nach der Bedeutung von Träumen. Bereits im Talmud steht geschrieben – ein unverstandener Traum ist wie ein ungeöffneter Brief. Der Talmud ist neben der hebräischen Bibel das bedeutendste Werk des Judentums, fand seine Anfänge zur Zeit Moses und wurde bis cirka 500 n.Chr. fortgeführt und fertiggestellt. Ebenfalls berichtet die Bibel im alten Testament von Sehern und Traumdeutern, so wurde der weise Daniel zum babylonischen König Nebukadnezars gerufen, um dessen Träume zu deuten.

Seit Jahrtausenden wurde versucht, die scheinbar so geheimnisvollen Botschaften in unseren Träumen zu entschlüsseln, man brachte diese auch mit magischen und religiösen Anschauungen in Verbindung und versuchte Rückschlüsse auf das reale Leben aus ihnen zu erfahren. In den modernen Welten der heutigen Zivilisation sind seit Sigmund Freud Psychoanalytiker an die Stelle von Sehern, Weisen und Schamanen getreten.

Doch damit kamen auch Probleme. Wie in so vielen Zweigen der sich entwickelnden modernen Schulwissenschaft, wurden Jahrtausende alte Erfahrungen einfach als abergläubischer Unsinn über Bord geworfen. Man denke nur an die Heilpflanzenkundigen, die es in allen alten Kulturen gab, deren Wissen durch die moderne Pharmaindustrie erst verdrängt wurde und in Vergessenheit geriet, nun so nach und nach wiederentdeckt und akzeptiert wird. Jetzt werden sogar teilweise Unsummen an Forschungsgeldern bewilligt, um dieses alte Wissen neu zu entdecken, obwohl einiges bereits unwiderruflich verschwunden sein dürfte.

Nicht anders in der Traumforschung. Das unsere Träume verschlüsselte Botschaften besitzen, die Aufschluss über unser reales Leben geben, hat man erkannt und akzeptiert es. Versucht dem Wesen der Träume in Traumforschungs- und Schlaflaboren auf den Grund zu gehen. Doch das was unsere Vorfahren über viele Generationen und über viele Jahrhunderte und Jahrtausende ebenso erkannten und als selbstverständlich akzeptierten, das Träume auch verschlüsselte Botschaften von zukünftigen Ereignissen beinhalten können, das wird von der Schulwissenschaft teilweise aufs heftigste geleugnet und bestritten. Und warum, weil es sich nicht so einfach mit Formeln berechnen lässt. Was sich nicht berechnen lässt, das ergebe auch keine Theorie.

Soweit, so gut, wenn ich nicht in den letzten 20 bis 30 Jahren gelegentlich, wenn auch selten, selbst den einen oder anderen sich später bewahrheitenden Traum gehabt hätte, möglich das ich mich auch nie ernsthafter mit diesem Thema auseinander gesetzt hätte. Doch der eigentliche Entschluss hierzu reifte im Frühjahr 2002. Philosophierte per eMail zum Thema Sinn des Lebens und jemand, vor dem ich eigentlich Achtung betreffend seiner Anschauungen hatte, wollte mir ausreden, das ich jemals so etwas ähnliches wie einen Voraustraum gehabt hätte. Darüber entrüstet machte ich mich ans Werk, innerhalb von 3 Wochen befanden sich dann meine ersten Webseiten zu diesem Thema im Internet. Innerhalb der letzten Jahre wurde die Recherche zu allen damit verbundenen Wissengebieten und Forschungsergebnissen immer gründlicher, doch auch in Teilbereichen völlig unbegründete Kritiken stellten sich ein. Auf der einem Seite war es ausreichend für eine kleine Abhandlung in Buchform zu diesem Thema, doch wie in jedem wissenschaftlichen Bereich mit Hypothesen und Theorien, es wird immer Meinungsdispute geben.

So bekam ich erst unlängst zur Kritik, ich würde in überholte mechanistische Betrachtungsweisen abgleiten. Nun frage ich mich doch, wem nützt eine Berechnung mit 23 Dimensionen, wenn der Berechner sich diese selbst nicht mehr vorzustellen vermag. Mein Anliegen war es hingegen von Anfang an ein Buch zu schreiben von einem durchschnittlich gebildeten Menschen für einen durchschnittlich gebildeten Menschen. Das ich hier keine völlig unverständlichen Formeln entwickle, dafür jedoch sehr viele nachvollziehbare Beispiele aus unseren täglichen Leben als Vergleich heranziehe, mag ja von dem einen oder anderen als mechanistische Betrachtungsweise geringschätzig abgetan werden, trägt jedoch nach meinen dafürhalten sehr zum Verständnis des vorliegenden Buches und der Zusammenhänge bei.

Auch bekam ich zur Antwort, mein Beispiel mit dem Wetter sei schlichtweg falsch. Nun ja für heutige Theoretiker, für einen alten Bauern nicht, denn der wusste – geht die Sonne an einem klaren Himmel ebenso klar unter, so wird auch der kommende Tag noch schön. Achten sie einmal darauf, eine Regel auf die auch heute noch unbedingt Verlass ist. Nur passt dies leider nicht so recht in die Auslegungsvarianten einiger Chaostheorieexperten, wo das Wetter gerade als Paradebeispiel für die Unvorhersagbarkeit genommen wird, nach der schon der Luftzug des Flügelschlages eines Schmetterlings ausreichen würde, um den Bauern lügen zu strafen und eine Wetterlage zu verändern. Eine Behauptung die noch viel unsinniger ist.

Doch nun erst einmal viel Spaß beim lesen.

UNSERE TRÄUME

Von Träumen, Vorahnungen in unseren Träumen und Informationsübertragung

Der Traum ist der beste Beweis dafür, dass wir nicht so fest in unserer Haut eingeschlossen sind, als es scheint.

– Friedrich Hebbel – Schriftsteller – 1813/1863 –

Eines Tages wird man offiziell zugeben müssen, dass das, was wir Wirklichkeit getauft haben, eine noch größere Illusion ist als die Welt des Traumes.

– Salvador Dali – 1904/1989–

Von Träumen, Vorahnungen in unseren Träumen und Informationsübertragung

Sind Vorinformationen in Träumen auch mit der klassischen, anerkannten Schulwissenschaft erklärbar?

Hatten Sie schon einmal einen Traum, dessen Inhalt sich wenig später erfüllte?
Möchten Sie erfahren, wie es möglich ist, im Traum Informationen über künftige Ereignisse im Voraus wahrzunehmen?
Dann lade ich Sie ein, sich mit mir die theoretischen Grundlagen anzueignen, ohne mit der Schulwissenschaft zu brechen.

Was ist Information?

Informationen erreichen uns täglich und ständig in großen Mengen. Alles was wir sehen, hören, riechen, ertasten und schmecken bedeutet für uns einen informativen Wert mit unterschiedlicher Priorität. Die Information als solche ist dabei immateriell, benötigt jedoch ein Medium zur Übertragung. Diese Übertragung kann sowohl direkt, als auch indirekt erfolgen. Visuellen und akustischen Informationen geben wir in der Regel einen höheren Stellenwert. In Abhängigkeit vom benutzten Träger breitet sich die Information mit unterschiedlicher Geschwindigkeit aus. Die größte dabei bekannte Geschwindigkeit ist die Lichtgeschwindigkeit. Sehr viel langsamer akustische Signale, noch viel langsamer Gerüche. Weitere Informationen erhalten wir erst durch direkten Kontakt.
Den größten Teil der Informationen, die uns täglich begleiten, nehmen wir hingegen nicht bewusst wahr. Es gibt in unserer Umwelt kein Ereignis, ohne Information. Auch wenn wir diese Informationen nicht bewusst wahrnehmen, unser Unterbewusstsein registriert ein Vielfaches mehr. Doch dazu später, wir werden noch einmal darauf zurück kommen.

Beispiel zur Informationsübertragung

Auf einer viel befahrenen Straße ereignet 20 km vor uns ein schwerer Verkehrsunfall. Die Straße wird abgesperrt und es bildet sich ein Stau. Bisher ahnen wir noch nichts und wir fahren weiter. Zwischenzeitlich wächst der Stau an. Als wir ihn erreichen ist er bis auf eine Länge von 3 km angewachsen. Wir kommen zwangsläufig zum Stillstand. Bereits 3 km vor dem eigentlichen Ereignisort wird uns klar, es muss etwas geschehen sein. In einer Entfernung von 3 km vor der Unglücksstelle hat uns also der Informationsfluss erreicht. Wir wissen in diesen Fall, es ist etwas geschehen, jedoch noch nicht was. Es könnte eine Baustelle ebenso so sein, wie ein Unfall, ein größerer Schwerlasttransport oder ein umgestürzter Baum. Erst die Registrierung weiterer Einzelheiten, wie Blaulicht und akustische Signale von Einsatzfahrzeugen, Ort, Zeitpunkt und vermutliche Länge des Staus formt daraus ein Bild. Wir können erahnen, wie schwer der Unfall sein muss. Es hat eine Informationsübertragung von Punkt A (Ort des Geschehens) nach Punkt B (unseren Aufenthaltsort) stattgefunden.
Über das Autoradio kommt eine Verkehrsmeldung,... „Stau auf der Bundesstraße AB infolge eines schweren Verkehrsunfalls" und bestätigt unsere Vermutungen.

Sind Träume nur Schäume?

Viele der Information, die täglich auf uns einstürzen nehmen wir nur unbewusst als Randnotizen auf. Wir benötigen sie in den jeweiligen Situationen nicht unmittelbar, belasten uns damit nicht. Teilweise verdrängen wir diese sogar aus unserem Bewusstsein. Dennoch sind sie vorhanden und wir haben diese aufgenommen. Ein Teil dieser Informationen hätte uns eigentlich vor Unstimmigkeiten oder Gefahren warnen können, nur wir haben diesen Teil keine Beachtung geschenkt. Unser Unterbewusstsein registriert nun diese, sagen wir Programmierfehler.
Als Beispiel, das gesprochene Wort von XY hat uns heute sehr geschmeichelt. Diese symbolischen Streicheleinheiten waren Balsam für unser inneres Gleichgewicht. Unser Bewusstsein hat diese Worte wohlwollend ohne Hinterfragung aufgenommen. Anzeichen von

Täuschung oder Unehrlichkeit haben oder wollten wir nicht bewusst registrieren. Unser Unterbewusstsein hat jedoch einige Informationen aufgenommen, die es als mögliche Signale für Unehrlichkeit in einen Zwischenspeicher ablegte. Im Ruhezustand, sprich Schlaf, werden nun diese Ereignisse ausgewertet. Beim Aufarbeiten, einsortieren und endgültigen abspeichern passiert es nun. Das gesprochene Wort, die Mimik, kleine Schwingungen in der Stimmlage und das Vorverhalten passen nicht in die gleiche Datei. So kann es nicht abgespeichert werden, es muss aufgearbeitet werden. Dieses Aufarbeiten von Unstimmigkeiten nimmt nun in Traumphasen symbolhaften Charakter an, nur wir können diese nicht deuten.

Unsere Trauminhalte setzen sich zum größten Teil aus der Verarbeitung von Informationen des letzten Tages zusammen. Auch Anzeichen einer sich anbahnenden Krankheit oder psychische Verstimmungen können wir symbolhaft im Traum erleben.

Vorinformation in Traumphasen

Ab und an geschieht es, wir träumen etwas, behalten diesen Traum in Erinnerung und kurze Zeit später erfüllt er sich in der Realität. Nun muss man dabei sehr wohl zwischen den Träumen unterscheiden. Es gibt Träume, die uns nur vor etwas warnen wollen. Beispielsweise einen Streit mit einen lieben Mitmenschen. Wenige Tage zuvor geträumt, nun ist der Streit wie aus heiterem Himmel ausgebrochen, der Traum hat sich erfüllt. Vorsicht, hierbei braucht es sich nicht um einen Traum zu handeln, der auf der Vorwegnahme von Ereignissen fußt. Es kann durchaus sein, das schon lange unterdrückte Unstimmigkeiten vorhanden waren. Unser Bewusstsein wollte diese nicht aufnehmen, nur von unserem Unterbewusstsein wurden sie registriert und im Traum aufgearbeitet. Es war ohnehin nur noch eine Frage der Zeit, bis sich diese Unstimmigkeiten in einen Streit Luft gemacht hätten.

Doch es gibt auch Träume, in den sich der Träumer an Orten wieder findet, die er noch nie in seinen Leben sah. Kurze Zeit später gelangt er dann, unter welchen Umständen auch immer, an diesen Ort und erkennt ihn wieder. Hierbei handelt es sich eindeutig um eine Vorinformation im Traum.

Leider hat die Wissenschaft bisher kaum etwas dazu an Theorien zu bieten. Viele Wissenschaftler, wenn sie im eigenen Leben bisher damit keine Erfahrungen machten, halten es einfach für unlogisch und damit hat es sich dann. Wissenschaftler, die sich damit beschäftigen, liefern die wildesten Spekulationen als vermeintliche Theorien. Leider ist mir bisher keine bekannt, die nicht als haltlos zerrissen werden könnte. Wir wollen uns hier nun Stückchenweise eine Theorie erarbeiten. Doch zuvor zum besseren Verständnis nachfolgend eine kleine Geschichte auf der folgenden Seite.

Diese kleine Geschichte soll uns zum besseren Verständnis lediglich als bescheidene Grundlage dienen, auch wenn sie nur die einfachste Form von Vorausträumen umschreibt. In die tieferen und zunächst scheinbar wissenschaftlich unlösbaren Sphären werden wir im weiteren Verlauf dieses Buches noch vordringen.

Eine kleine Geschichte.

Ein kleines Beispiel aus dem realen Leben und unserer Traumwelt, wie es vielen Mitmenschen so oder ähnlich durchaus einmal passieren könnte und vielleicht ist es ja den einen oder anderen Leser sogar bereits einmal so ergangen.

Stellen Sie sich dazu folgende Situation vor:

Frau Schmidt ist recht plötzlich erkrankt, in der Nacht kam der Notarzt, eine Einweisung ins Krankenhaus war die Folge. Herr Schmidt sitzt nun allein zu Hause, völlig ungewohnt für ihn, Einkäufe erledigen, Wäsche waschen und Essen kochen war noch nie so recht sein Fall. Er fühlt sich überfordert mit diesen Tätigkeiten, hinzu kommt die Sorge um seine Frau.
Nach 3 Tagen hat Herr Schmidt einen seltsamen Traum. Er befindet sich in einer wüstenähnlichen Landschaft, von weiten ist ein Fluss zu sehen. Im Traum macht sich Herr Schmidt auf dem Weg zu diesen Fluss. Dort angekommen läuft er barfuss durch ein ausgetrocknetes Flussbett. Einige verdorrende Bäume am Ufer lassen ihr letztes vertrocknetes Laub vor seinen Füßen fallen. Herr Schmidt erwacht und vergisst recht schnell diesen Traum, da er sich ohnehin keinen Reim auf diesen machen kann.
Nach 6 Tagen lassen nun Frau Schmidts geliebte Zimmerpflanzen die Blätter hängen und einige von ihnen sind unwiderruflich hinüber. Jetzt, am Tage des Ereignisses, fällt auch Herrn Schmidt dieser Traum wieder ein. Wollte dieser ihn vorwarnen?
Ja, da es etwas ganz natürliches ist. Sein Unterbewusstsein hatte schon längst registriert, ...gießen oder die Pflanzen vertrocknen. Oft genug hatte er ja seine Frau dabei gesehen. Nur bis ins Bewusstsein und Gedanken drangen diese Informationen nicht vor. Er fühlte sich mit der ganzen und völlig neuartigen Lebenssituation einfach überfordert und in Gedanken war er mehr bei seiner Frau und ihren gesundheitlichen Problemen.

Die Information, das die Pflanzen eingehen werden, war jedoch bereits existent vor dem Tag des Ereignisses.

Unsere Sinne zur Aufnahme von Informationen

Langläufig wird von den allgemein anerkannten 5 Sinnen ausgegangen. Menschen mit Vorahnungen gesteht man eventuell noch einen 6. Sinn zu.

1. Sehen (ca. 100 Millionen Zellen)
2. Hören (ca. 30.000 Hörzellen)
3. Tasten und Fühlen (ganzkörperlich über die Haut verteilt, Wärme- und Schmerzempfindungen)
4. Riechen (chemische Botenstoffe, wir können um die 5000 Gerüche unterscheiden)
5. Schmecken (ziemlich unterentwickelt, geringe Anzahl von Geschmacksknospen auf der Zunge)
6. Gleichgewichtsinn (ermöglicht uns erst den aufrechten Gang)
7. Zeitsinn (biologisch als innere Uhr bezeichnet)

Was nun, da wären wir bereits bei Sieben anerkannten Sinnen, jetzt stimmt doch etwas nicht?
Dazu kommen im Tierreich weitere Sinne, die vermutlich beim Menschen unterentwickelt sind. Wir wollen hier bewusst von unterentwickelt sprechen. Ob sie nicht einmal ansatzweise mehr vorhanden sind, ist eine andere Frage. Eventuell gebrauchen wir diese, oder die spärlichen Überreste von ihnen nur nicht mehr. Vielleicht sind gerade sie es, die uns eine nur vermeintliche übersinnliche Erfahrung bereiten.

8. Magnetsinn (Zugvögel dient er als Orientierungshilfe)
9. Elektrizitätssinn (bei Fischen und Amphibien anzutreffen)

Doch gehen wir von den 7 Sinnen des Menschen aus, die uns täglich mit Information versorgen und regelrecht zuschütten. Unser Gehirn muss ständig aufs neue und ununterbrochen in Bruchteilen von Sekunden Meisterleistungen verbringen, um aus der Flut der Informationen die heraus zu filtern, die für unser Überleben wichtig und zweckmäßig sind. Alle anderen fallen durch diesen Filter, gelangen nicht in unser Bewusstsein, werden jedoch von unserem Unterbewusstsein registriert.

Dazu wieder ein Beispiel: Wir befinden uns in einer nicht ganz kleinen Wartehalle auf einen Bahnhof. In dieser Wartehalle befindet sich eine größere Anzahl an Personen, von denen sich wiederum ein größerer Teil mehr oder weniger intensiv unterhält. Vom Eingangsbereich ist Straßenlärm und das An- und Abfahren von Bussen zu hören, von der Bahnsteigseite die Einfahrt eines Zuges. Plötzlich sehen wir an einen Schalter in 10 m Entfernung einen alten Bekannten. Wir grüßen und wechseln ein paar Worte, ehe wir uns auf ihn zu bewegen.

Wir denken nicht darüber nach, doch wie ist dies möglich? Ohne Filterung müssten wir sehr viele Menschen gleichzeitig reden hören, dazu der Lärm von außen und würden nur ein Gewirr von Stimmen und Lärm wahrnehmen. Unser Hirn und unser Bewusstsein filtert einfach alles weg, was für uns belanglos und uninteressant ist. Es konzentriert sich nur auf die Informationen, die für die Unterhaltung mit unseren alten Bekannten von Belang sind. Unser Unterbewusstsein registriert dagegen erst einmal alles, um es dann in Ruhephasen auszusortieren.

Wir sehen aus diesem Beispiel, unsere sieben Sinne müssen ihren Aufgabebereich entsprechend, zusammenführend ausgewertet, gefiltert und koordiniert werden. Nur ein kleiner Teil der gesamten Informationen gelangt danach noch in unser Bewusstsein und formt den Gesamteindruck eines Ereignisses. In diesen Fall war es unser Sehsinn, unser Gehör, unser Zeitsinn und unser Gleichgewichtssinn. Letzterer ermögliche uns ja erst auf ihn zu zugehen. Der Zeitsinn spielt ebenfalls eine Rolle in unserem Beispiel. Wir müssen ja einschätzen können, ob wir genügend Zeit für ein Gespräch haben. Alle diese Informationen werden von unserem Hirn verarbeitet, gefiltert und koordiniert, ohne das wir uns dessen bewusst werden.

Die Zeit

Die Zeit ist am schwersten zu verstehen. Da für unsere Aufgabenstellung jedoch die allgemeine Erdzeit völlig ausreichend sein dürfte, wollen wir die Sache so einfach wie möglich halten. Auch ob die Zeit bei Null mit dem Urknall begonnen hat, soll für uns erst einmal Nebensache sein. Wie wichtig sie jedoch noch für uns wird, erfahren wir später.

Die Zeit, nur sehr schwer zu verstehen und dennoch können wir ohne sie uns kein Leben vorstellen.

Sie ist als Erdzeit jedenfalls ein fester Begriff für uns, von der Sekunde bis zum Jahr und läuft nur in einer Richtung ab. Die Frage, die sich hier stellt ist lediglich, läuft sie für jede Form der erdgebunden Materie, der Energie und der damit verbundenen Informationen im gleichem Schrittempo ab? Läuft Sie konstant ab oder mit Stolperfallen? Wenn ja, würden wir Stolperfallen erkennen? Dazu erst einmal noch ein anderes Beispiel aus dem Bereich unserer sinnlichen Wahrnehmungen und Informationsverarbeitung.

Unser Sehsinn

Im Auge des Menschen befinden sich etwa 75 bis 150 Millionen Stäbchen und 5 bis 8 Millionen Zäpfchen. Erstere messen nur die einfallende Lichtstärke, während letztere es uns ermöglichen Farben wahrzunehmen. Doch Farbe ist nicht gleich Farbe. Einen

20

entscheidenden Einfluss hat die Farbtemperatur.

Ein Beispiel dazu, wir kaufen einen weißen Tisch für die Terrasse. In der Morgensonne würde er rötlich erscheinen, im Mittagsschatten bläulich, am späten Nachmittag wieder rötlich, abends bei Glühlampenlicht gelblich. Eine unbestechliche Filmaufnahme ohne Filterung würde den Beweiß liefern. Doch warum sehen wir den Tisch nur im Reinweiß?

Um uns nicht völlig zu überfordern hat unser Gehirn ein Programm entwickelt, das Farbunterschiede im Tagesverlauf ausgleicht und als Mittelwert abspeichert. Unsere Informationen werden so aufgearbeitet, das wir einen durchschnittlichen Eindruck erhalten. Einen Eindruck, der für unser Überleben völlig ausreichend ist.

Zurück zur Zeit

Könnte es nun nicht sein, das auch die Zeit nicht gleichmäßig abläuft? Wir auch nur da einen Mittelwert im Gehirn bilden? Unser Erdzeit wird im wesentlichen bestimmt durch den Umlauf um die Sonne und durch die Eigenrotation der Erde. Einflüsse auf den Zeitablauf haben die elliptische Bahn der Erde um die Sonne, Taumelbewegungen der Erdachse, sowie Störungskräfte andere Planten auf die Erde. Weiterhin Abbremswirkungen durch Gezeiten und Mondumlauf. Auch Prozesse in unsere Atmosphäre, wie Wirbelstürme können einen Einfluss besitzen. Alle diese Einflüsse sind jedoch so minimal, das sie sich wieder ausgleichen. So verlangsamt sich die Eigenrotation in 100 Jahren um 2 Millisekunden. Doch auch die Schwankungen innerhalb eines Jahres sind so minimal, das sie von unserer inneren Uhr spielend auszugleichen sind. Für die Bildung eines Mittelwertes in unserem Gehirn würde kein Bedarf bestehen.

Doch betrachten wir uns die Zeit einmal etwas näher vom Wesen her, was ist eigentlich Zeit? Woran erkennen wir sie und welche Rolle spielte sie und spielt sie auch weiterhin in der großen Geschichte unseres Universums?

Nach der heutigen allgemeinen Auffassung, in der ja unser Universum aus einem gewaltigen Urknall hervorging, war zum Zeitpunkt dieses Urknall bis zur Geburt der Sterne, vielmehr Chaos als Ordnung und Information vorhanden. In der Chaostheorie bezeichnet man dieses Fehlen von Information als Entropie.

Betrachten wir uns die Geschichte weiter in ihrer Komplexität bis zum Erscheinen des Menschen, so bildet sich ein Muster der Entwicklung vom Einfachsten zum Höheren. Wobei mit dem Höheren auch immer weniger Chos, dafür jedoch mehr Ordnung verbunden mit Informationen vorhanden ist. Informationen, die erforderlich sind, um den neuen Stand der Ordnung aufrecht zu erhalten.

Kurz nach dem Urknall war nicht viel mehr als eine riesige Plasmawolke vorhanden. Nur wenige Informationen waren von Nöten, um die Vorgänge in dieser Wolke zu steuern. Galaxien, Sterne und Planeten bildeten sich und es war bereits sehr viel mehr an Informationen nötig, um alles auf seinen Umlaufbahnen im kosmischen Gleichgewicht zu halten. Die ersten Lebewesen entstanden, anfangs noch primitivste Einzeller, doch damit bedurfte es weiterer Informationen und sei es nur der Fortpflanzung wegen als Teilbereich der Informationsübertragung zwischen zwei Lebewesen. Es folgten Vielzeller und jeden wird es wohl einleuchten, das damit wieder eine Zunahme an Informationen verbunden war, denn viele Zellen müssen auch unter sich viele Informationen austauschen, um als Lebewesen als Ganzes reagieren zu können.

Somit könnte man auch sagen, Zeit ist eigentlich eine Maßeinheit für die Zunahme an Informationen, Zeit ist eine Maßeinheit des Wachsen der Informationen aus der Entropie. Unser Gehirn empfindet die Zeit deshalb als fortlaufenden vorwärtsgerichteten Prozess, da sein Wesen dafür ausgelegt ist, ständig Informationen dazu zu gewinnen. Jeder Versuch die Zeit zu überlisten und in die Vergangenheit zu reisen, würde auch gleichzeitig einen Verlust von bereits gesammelten Informationen bedeuten.

Eine unbeantwortete Frage die hierbei bleibt, ist Zeit also nichts weiter als ein natürlicher Prozess, der die Zunahme von Informationen steuert und entweichen in die Entropie, also ins Chaos verhindert? Auf jeden Fall würde eine Umkehrung dieses Prozesses kaum vorstellbar sein, also lassen wir es auch dabei.

Nun sind wir bisher keinen Schritt weiter, wie es denn nun zu diesen gelegentlichen zeitlichen Vorhabinformationen in unserem Unterbewusstsein kommen kann. Es müssen andere Ursachen gegeben sein und diesen wollen wir jetzt versuchen auf die Spur zu gelangen. Dazu wollen wir kurz ins Tierreich abgleiten.

Tierische Instinkte

Nehmen wir als Beispiel den Instinkt von Zugvögeln. Als unumstritten gilt es, das Zugvögel sich nach ihrer inneren biologischen Uhr richten, was den Zeitpunkt des Abfluges betrifft. Weiterhin gilt als unumstritten, das als Orientierungshilfe für ihren Flug Sternenkarten und eine Art Sonnenkompass dienen. Doch woher nehmen sie diese Karten? Ganz vereinfacht ausgedrückt, es werden nicht nur Schnabellänge, Gefiederfarbe und andere biologische Eigenschaften einer Spezies vererbt. Auch wiederkehrende Erfahrungsmuster werden abgespeichert und als fester Bestandteil des Erbträgermaterials an die nachfolgenden Generationen weitergereicht.

Spätestens seit Konrad Lorenz und seinem Kindchenschema gilt es als erwiesen, das auch das Verhalten des Menschen zum großen Teil noch auf Instinkte aus grauer Vorzeit fußt. Daraus ergibt sich eine einfache Tatsache. Informationen strömen nicht nur täglich aufs Neue auf uns ein, ein Großteil dieser von uns benötigten Informationen ist bereits in uns durch Vererbung als Verhaltensmuster abgespeichert. Unbewusst rufen wir nur noch diesen abgespeicherten Anteil je nach Bedarf auf um ihn mit eingehenden Informationen zu vergleichen. Nun tragen wir nicht nur die direkt von unseren Eltern weitergegebene Informationen in uns, sondern eigentlich die als Instinkt abgespeicherten Informationen unserer ganzen Spezies im Laufe ihrer Entwicklung. So hat sich das Kindchenschema nicht in wenigen Generationen entwickelt, sondern ist im Laufe von 65 Millionen Jahren mit der Höherentwicklung der Säuger als fester Bestandteil in unsere Erbgutmasse eingegangen. Nicht alle Instinkte sind dabei gleich alt. Die Nacktheit als sexuell anziehend muss wesentlich neueren Datums sein. Sie kann erst dann in unsere vererbbaren Instinkte Einzug erhalten haben, als der werdende Mensch sein Fell verlor. Instinkte sind somit nichts starres, unterliegen der Evolution und sind flexibel.

Wie flexibel? Die Beantwortung dieser Frage könnte ein Schritt in Richtung Lösung unserer Aufgabenstellung sein.

Von Theorien, wie den morphischen Feldern und dem kollektiven Unterbewusstsein, wollen wir hier vorerst nicht reden. Auch wenn diese durch die Entdeckung von Biophotonen und weiterführender Experimente eine beweisfähige Grundlage erhalten könnten. Dazu mehr im weiteren Verlauf dieses Buches. Bei Biophotonen handelt es sich um eine ultraschwache Lichtstrahlung, die von Körperzellen ausgesandt wird, die Wachstum und Entwicklung aller lebenden Organismen steuern soll. Wir suchen erst einmal weiterhin nach Lösungen, die mit der „bisher" anerkannten Wissenschaft erklärbar sind.

Zusammenfassung - I

Zur Vereinfachung eine kurze Zusammenfassung der Erkenntnisse aus den bisherigen Abschnitten:

Informationen sind immateriell, bedürfen ein Medium zur Übertragung. Ein Teil der Information gelangt über unsere Sinnesorgane, die uns mit unserer Umwelt verbinden, zu uns. Informationen könnten uns schon vor dem Ort des Geschehens erreichen. Der größte Teil der täglich auf uns einstürzenden Informationen wird ausgefiltert und erreicht nicht unser Bewusstsein. Ein weiterer Teil von gesammelten Informationen ist bereits in unserem Erbgut enthalten. Erst eine Mischung aus beiden macht unser eigentliches Leben aus. Sie bestimmen, wie wir Erdraum und Erdzeit erleben, sehen und fühlen.
In unserem Erbgut sind dreidimensionale Bilder enthalten, oder zumindest Proportionen für ein räumliches Bild, sonst gebe es ja dieses Kindchenschema überhaupt nicht. Wir erben auch ein sehr konkretes Bild oder zumindest eine sehr konkrete Schablone eines Raumbildes von Partnerin oder Partner. Diese Schablone eines Raumbildes ist als Instinkt in uns enthalten. Alles was von diesem Bild grob abweicht empfinden wir nicht mehr als schön. Die Erdzeit als solche ist zu geringen Schwankungen unterworfen, als das unser Gehirn einen Mittelwert bilden müsste, wie es beim Farbsehen der Fall ist.

Spätestens nach dieser Zusammenfassung müssten wir jetzt zu der Schlussfolgerung kommen, das es keine Vorinformation im Traum geben kann. Wenn, ...ja wenn da nicht dieser Traum wäre, der uns einfach eines Besseren belehren würde. Also suchen wir weiter.

Wozu ist unser Gehirn nun fähig?

Machen wir dazu einen Versuch. Schließen Sie die Augen, entspannen Sie sich und denken Sie jetzt an ein Kindheitserlebnis vor Ihrem 10 Lebensjahr. Haben Sie diese Sequenz vor Augen, dann denken Sie an ein Erlebnis aus Ihrer Jugendzeit. Auch das sollte kein Problem sein. Unser ganzes Leben, zumindest wesentliche Teile davon, sind wie in Videosequenzen in unserem Gehirn abgespeichert und stehen auf Abruf zur Verfügung.

Wie geschieht dies. Von unseren Sinnesorganen (Rezeptoren) werden eingehende Informationen kodiert und auf elektro-chemischem Wege in das Gehirn weitergeleitet. Dort bilden Zellen ein Verbindungsmuster je nach Art der eingehenden Information. Man spricht von Vernetzungen gebildet aus Synapsen (Verbindungsstellen) und Neuronen (Gedächtniszellen). Ein Geflecht aus 10.000 Verbindungen und mehr, stehen dann für eine Gedächtniseinheit. Eine Gedächtniseinheit ist vergleichbar mit einer Videosequenz abgespeichert auf einen elektronischen Datenträger. Nur das unser Gehirn zum Beispiel auch Erinnerungen an Gerüche abspeichern kann.

Wozu ist die Technik fähig?

Mit PC, Internet und einer guten Suchmaschine können wir heute fast vergleichbares erreichen. Wir brauchen nur noch einige Suchwörter eingeben und mit einem Klick werden in Sekundenschnelle Millionen von Webseiten durchforstet. Danach haben wir alle relevanten Seiten auf Abruf zu unserer Verfügung.

Großrechenanlagen sind in der Lage, aus Millionen gespeicherten und täglich neu eingehenden Werten eine Wetterprognose zu erstellen. Sind unsere Vorausträume auch weiter nichts? Insoweit es sich nur um Vorahnungen und Träume mit symbolhaftem Charakter

25

handelt, so könnten wir dies als Erklärung und ausreichende behandelt hier stehen lassen. Doch nicht unser Traum, wir müssen weiter nach Lösungen suchen.

Sind uns wirklich alle Formen der Informationsübertragung bekannt?

Eine entscheidende Frage. Vielleicht liegt gerade hier des Rätsels Lösung. Im 18. Jahrhundert wäre noch jeder als utopischer Spinner verschrien worden, der behauptet hätte, man könnte sich mit jemand in Echtzeit mittels eines kleinen Gerätes rund um die Welt unterhalten. Ihn sogar noch bildlich sehen dabei. Trotz technischen Fortschrittes sind wir immer noch nicht über diese geistige Schwelle hinaus. Es darf nicht wahr sein, was noch nicht wissenschaftlich beweisbar ist. Leider kommt hinzu, das viel Schalartahnarie gerade in diesem Milieu getrieben wurde und immer noch wird. Wenn seriöse Wissenschaftler sich auf diesem Gebiet beteiligen, dann um diese zu wiederlegen. Leider, denn würden viel mehr Wissenschaftler das wenige an wahren Vorkommnissen und Ereignissen auf diesem Gebiet herausfiltern und intensiv untersuchen, so wären wir eventuell weiter.

Zurück zu unserem ersten Beispiel

Der Unfall auf der Bundesstraße AB hat uns gezeigt, eine Information kann uns bereits vor dem Ort des Geschehens erreichen. Wie wir wissen leben wir in einen 3 dimensionalen Raum, jedoch in einer 4 dimensionalen Welt. Wir bewegen uns durch einen bestimmten Raum von A nach B in einer bestimmten Zeit. Der Informationsfluss kann uns bereits vor dem Zielort erreichen. Kann uns der Informationsfluss jedoch auch bereits vor der Zielzeit erreichen? Die Zeit läuft nur in einer Richtung, diese ist vorwärts gerichtet. Im Ausgangspunkt befinden wir uns in der Gegenwart. Das Ziel liegt noch in der Zukunft. Wenn wir den Zielpunkt erreicht haben, ist aus der Zukunft die Gegenwart geworden. So betrachtet nicht, der Informationsfluss kann nicht gegen die Zeit verlaufen.

26

Eine gewagte Schlussfolgerung, wir leben nicht in der Gegenwart. Wir leben in der Vergangenheit, die uns als Gegenwart erscheint. Eine Theorie, die völlig haltlos und durch nichts zu beweisen wäre. Deswegen können wir diese hier so nicht stehen lassen. Doch wir kommen der Sache näher.

Wie läuft ein Prozess in unserer Umwelt ab?

Dazu wieder ein Beispiel. Ein älteres Hochhaus soll abgerissen werden. Um den Aufwand so gering wie möglich zu halten, soll eine Sprengung erfolgen. Die Ladungen sind angebracht, alle Zündkabel verlegt, die Baustelle ist geräumt. Nur der Sprengmeister befindet sich noch in sicherer Entfernung, um die Sprengung auszulösen.
Was geschieht nun. Im Gehirn des Sprengmeisters laufen Gedankenprozesse ab, die eine Information an den Arm übermitteln, den Auslöser zu drücken. Hierbei handelt es sich um keine reflektorische Bewegung, sondern um eine bewusst gesteuerte. Durch den Druck auf den Auslöser wird eine Information an den Zünder der Ladung gesandt, erst danach erfolgt die eigentliche Zündung.
Wie sieht es nun bei einer Selbstentzündung aus, bedingt durch Verdichtung, Kettenreaktion oder Wärmeentwicklung? Immer muss eine Information vorliegen, als Nahtstelle zwischen Ursache und Ereignis. Diese könnte lauten: Hitze in 3,3 Millisekunden erreicht, Explosion in 3,4 Millisekunden. In dieser Zwischenzeit hätte ein Beobachter noch die Möglichkeit einzugreifen, könnte die Explosion noch verhindern. Vorausgesetzt, er könnte diese Information auch erfassen und verstehen, und wäre auch noch schnell genug, um in 0,1 Millisekunden zu handeln.

Wie läuft nun ein Prozess in unserem Universum ab?

Keine Wirkung und kein Ereignis ohne Ursache. Eine Wirkung kann nur als Folge einer Information erfolgen. Den Sprengmeister lassen wir hier weg, wir wollen kein höheres Wesen einführen. Bezogen auf die Entstehung unseres Universums würde sich daraus folgendes ergeben.

Zeitlicher Ablauf:

Ursache – Information zur Reaktion – Urknall (Ereignis)

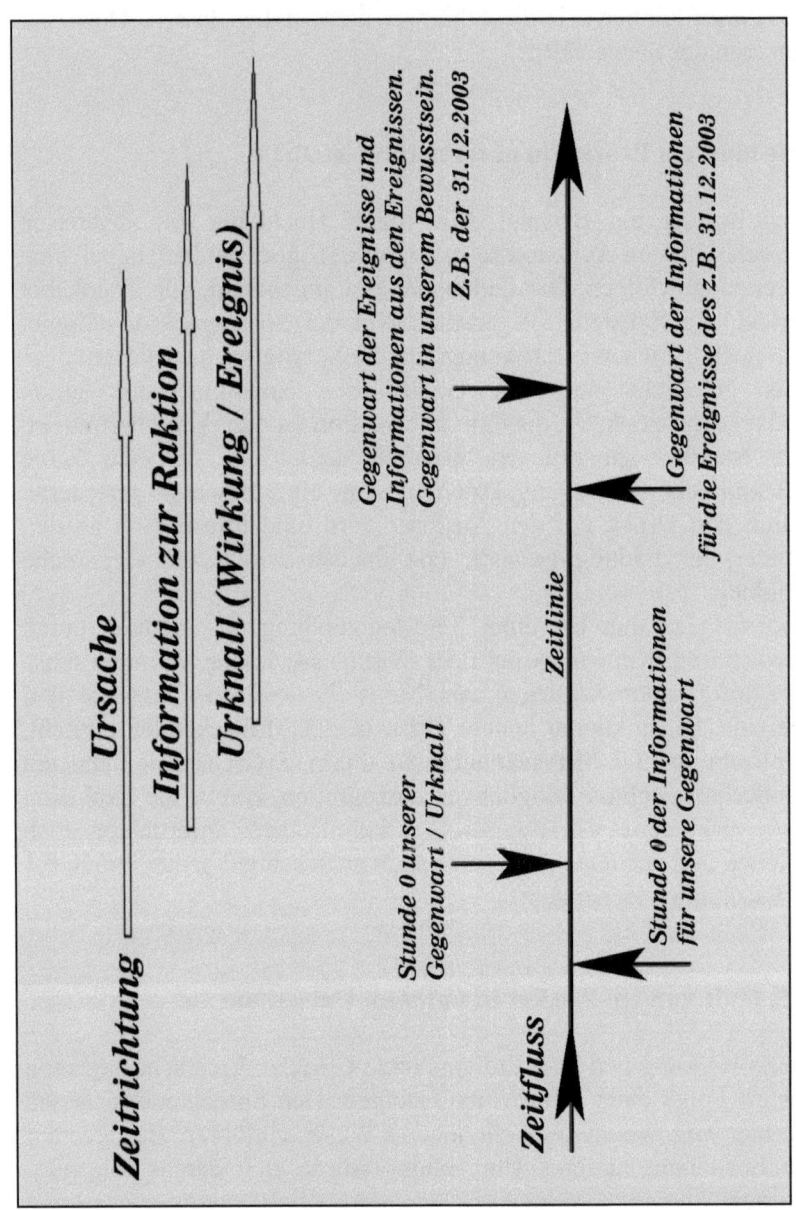

Daraus ergibt sich nur ein Schluss, vor dem Urknall muss eine Ursache und eine Information zum auslösen des Urknalls vorhanden gewesen sein.

Wir Leben nicht in der Vergangenheit. Nur die Information, die zur Auslösung eines Ereignisses erforderlich ist, ist bereits existent, bevor das Ereignis stattfindet. Die Information läuft in der gleichen Zeitrichtung, nur läuft sie der Zeit des Ereignisses voraus.

Auf unser Leben bezogen.

Wir leben in der Zeit der Gegenwart. Das was wir als Gegenwart empfinden, ist die Zeit der Ereignisse. Es ist die Zeit der Informationen, die wir aus diesen Ereignissen wahrnehmen. Es ist nicht die Zeit der Information, die zu den Ereignissen der Gegenwart führten. Ein Ereignis, welches in Zukunft eintritt, beruht auf Informationen aus der Gegenwart oder der Vergangenheit.

Würde unser Gehirn beides wahrnehmen können, wäre es hoffnungslos überfordert. Wir würden ein Chaos aus Informationen und Ereignissen nicht verarbeiten können.
In Form eines Beispieles erklärt. Bevor ein Foto vor uns auf dem Tisch liegt, muss zuerst ein Negativ vorhanden sein, mit allen Informationen, die das fertige Bild enthalten soll. Unser Gehirn und unser Bewusstsein verarbeitet symbolisch gesehen, nur das „Positiv" als gegenwärtigen Augenblick in uns als Gegenwart. Es kann nicht zusätzlich noch das „Negativ" des nächsten Augenblickes, obwohl bereits vorhanden, mit anzeigen. Ein Chaos in der Wahrnehmung würde entstehen.
Nur unser Unterbewusstsein lässt gelegentlich etwas davon durchdringen, das wir dann als Vorabinformationen in Form von Träumen wahrnehmen. Mit unserem logischen Denken können wir das nicht unbedingt fassen. Überreste tierischer Instinkte helfen uns zuweilen dabei. Tiere können besser Vorinformationen verarbeiten. Sie filtern jedoch auch nur das an Vorinformationen heraus, was für ihr Überleben sinnvoll erscheint. Wahrnehmung von Infraschall ist nur eine Eigenschaft, die bei einigen Spezies vorhanden ist, beim Menschen jedoch nur unbewusst wahrgenommen wird.

Haben wir Anhaltspunkte für unsere Theorie?

Bewusstseinserweiternde Drogen, bei Naturvölkern ein Mittel von spiritueller Bedeutung, sollen ihren Namen nicht zu unrecht haben. In unseren Fall würden sie die Theorie unterstützen. Es würde bedeuten, sie erweitern das Bewusstsein nicht wirklich, sondern vermindern nur die Filterung unserer bewussten Wahrnehmung an Informationen. Wir könnten Teile des nur symbolischen „Negativs" erkennen und das dadurch entstehende Chaos in unseren Wahrnehmungen würden wir als Halluzinationen bezeichnen.

Oder nehmen wir die ganz alltägliche Wetterprognose. Täglich werden aus Meldungen tausender Wetterstationen und Satellitenaufnahmen Terrabytes von Datenmengen gesammelt und ausgewertet. Daraus wird dann eine Vorhersage für mehre Tage entwickelt, die jedoch mitunter immer noch recht ungenau ist. Diese Ungenauigkeiten resultieren jedoch auf der einem Seite nur daraus, das trotz der gewaltigen Datenmenge immer noch nicht genügend Informationen ausgewertet werden. Auch haben die Computerprogramme zum auswerten noch einige Schwachstellen. Weiterhin spielen gerade bei der Vorhersagbarkeit von dynamischen Witterungsabläufen, wie etwa dem Richtungswechsel von Sturmtiefs, kleinste Abweichungen in den Anfangswerten bei den Berechnungen mitunter so eine große Rolle, das Prognose und tatsächlicher Verlauf sich ganz und gar nicht decken. Es reichen Änderungen von relativ kleinen Zahlenwerten und ein ganz anderer Witterungsverlauf zeichnet sich in der Prognose ab. So wird von vielen Mitmenschen die Wetterprognose mehr als Paradebeispiel für die Chaostheorie herangezogen. Lassen wir jedoch diese Einzellfälle von besonders dynamischen Wettererscheinungen außer acht und betrachten uns nur die relativ ruhigeren Witterungsverläufe, so wäre es bei wesentlicher Vergrößerung der zur Verfügung stehenden Datenmenge und bei weiterer Verbesserung der Software ohne weiteres möglich längere Prognosen zu erstellen, zumindest bei diesen durchschnittlichen Wetterlagen. Doch dem sind mit unserer heutigen Technik Grenzen gesetzt, eben durch die Vielfalt der Einflüsse, die auf dem Ablauf von Wetterlagen Einfluss nehmen. So müsste ein sehr viel dichteres Netz von Messstationen geschaffen werden und die Großrechenanlagen gigantische Ausmaße annehmen. Nicht zuletzt wäre der personelle Aufwand nicht bezahlbar.

Doch wie ist es nun überhaupt möglich Wetterprognosen zu erstellen? Eine einfache Antwort. Alle für den Witterungsablauf verantwortlichen Informationen sind bereits existent, obwohl die Ereignisse erst wesentlich später ihre Wirkung entfalten.

Bei diesem Bild handelt es sich nur um einen gewöhnlichen Heißluftballon, doch auch von den Wetterstationen werden täglich Wetterballons aus Latex mit einem Durchmesser von cirka 1,50 m und mit Helium oder Wasserstoff gefüllt gestartet. Dabei steigen sie bis in Troposphäre auf, somit bis in einer Höhe von 30 bis 35 km. Da der Luftdruck in diesen Höhen viel geringer ist, so blähen sie sich immer mehr auf und zerplatzen letztendlich. Allein der Deutsche Wetterdienst schickt täglich 18 Wetterballons auf Reisen. Die Messdaten werden per Radiosonden ständig übermittelt und die Messgeräte schweben mit einem Fallschirm zurück zur Erde.

So, das Prinzip hätten wir. Doch wo sind nun unsere Informationen für unseren Traum?

In der Komplexheit der Informationen, die unserem Unterbewusstsein zur Auswertung zur Verfügung stehen.

Mit unserem Bewusstsein nehmen wir nur einen verschwindend kleinen Teil der vorhanden Informations- und Datenmengen auf. Der wesentlich größere Teil liegt für uns im nicht wahrnehmbaren Teil unserer Umwelt. Wir spüren bewusst keine Magnetfeldlinien, keine Kraftfelder, sehen keine Infrarotstrahlung, hören keinen Infra- und Ultraschall. Dennoch sind all diese Informationen in unserer unmittelbaren Umwelt enthalten. Nehmen wir Atomare Strahlung oder winzig kleine Vieren. Beides sehen, hören, tasten, schmecken, riechen wir nicht. Beides kann für uns lebensbedrohlich sein. Auch unser Unterbewusstsein registriert die Atomare Strahlung nicht. Es bestand kein Grund im Laufe der Evolution dafür. Die Vieren registriert es bevor wir daran erkranken und mitunter warnt es uns symbolhaft im Traum. Dafür bestand ein Grund im Laufe der Evolution.

Wo sind nun die Informationen, für den Ort oder Raum, den wir als Vorinformation im Traum sahen?

Auch diese sind bereits vorhanden. Nehmen wir dazu wieder ein Beispiel. Sie schalten den PC ein, wählen sich ins Internet ein und rufen eine Website auf. Bevor die Website auf dem Monitor erscheint, liegen bereits sämtliche Daten für ihr Aussehen und ihren Inhalt seit unbestimmter Zeit auf einen Server zum Abruf bereit. Nur unsere Sinne und unser Gehirn kann diese nicht abrufen, ohne technische Hilfsmittel in Form von Telefonleitung, PC und Monitor. Wir sind darauf nicht eingerichtet. Information aus unserer Umwelt kann es jedoch abrufen. Es kann nicht nur die Informationen abrufen, die es bewusst aufnimmt, es kann auch die Informationen abrufen, die es unbewusst aufnimmt.

Wie geschieht dies. Nehmen sie sich ein gutes Buch und lesen sie. Obwohl ihnen nur Informationen in Form von Buchstabenfolgen vorliegen, so formen sie dennoch daraus ein geistiges Bild. Sehen in Gedanken fasst realistisch Gegenden, Orte und Personen. Und wenn der Autor diese gut beschrieben hat, so würden sie zumindest Gegenden eventuell wieder erkennen. Und das sind nur Buchstabenfolgen, aus denen wir Sätze mit Sinn, aus denen dann wiederum Bilder formen. Unser Unterbewusstsein erhält jedoch ein Vielfaches an Informationen, die es in logischen Schritten zu Sätzen und Bildern verarbeiten kann.

Wir versuchen mit Rechnern an Hand von Informationen die Entstehung unseres Universums bis in Bruchteilen der ersten Sekunde zurück verfolgen. Warum sollte unser Gehirn und unser Unterbewusstsein an Hand von sehr viel mehr Informationen nicht einige Szenen der nächsten Zeit voraus berechnen können? Die Informationen sind ja bereits existent und liegen zum Abruf bereit.

Abruf und Informationsübertragung

Hier liegt der eigentliche Knackpunkt, das scheinbar nicht Erklärbare. Wie gelangen diese Information in unser Unterbewusstsein?

Ob Wetterdaten, ein geschriebenes Buch oder Webseiten auf einen Server, Informationen müssen abgerufen und übertragen werden. Wir können nicht unbewusst Vorinformationen in bezug auf einen Ort oder ein Geschehen aufnehmen, ohne das eine Übertragung der bereits existierenden Informationen von A nach B stattfindet.

Unser Gehirn arbeitet zwar mit elektrischen Impulsen, diese liegen jedoch im Niederfrequenzbereich unter 30 Hz und kommen dadurch nicht als Übertragungsmittel in Betracht. Nur höher frequente elektrische Ströme besitzen die Eigenschaft, sich vom durchflossenen Leiter zu lösen und als elektromagnetische Wellen im Raum auszubreiten. Schall und Gerüche sind von der Entfernung abhängig, für uns kaum brauchbar. Was machen wir mit dem Licht und dem Sehen?

Was ist Licht und was sehen wir?
Des Rätsels Lösung?

Licht ist Strahlung, die sich einmal wie Wellen, ein anderes mal wie Teilchen verhält. Wir nehmen im Bereich des sichtbaren Lichtes nur den Anteil visuell wahr, der von unserer Umwelt reflektiert wird. Der andere Anteil wird von unserer Umwelt absorbiert. Von diesen reflektierten Anteil nehmen wir auch nur wieder den Teil wahr, der auf unsere Netzhaut fällt.

Was geschieht nun mit dem Anteil des Lichtes, der nicht gleich beim ersten Auftreffen auf einen Gegenstand absorbiert wird? Er wird als Lichtstrahl in die unterschiedlichsten Richtungen abgelenkt und rast dabei erst einmal mit Lichtgeschwindigkeit über die Erde. Bei jedem Hindernis wird wieder ein mehr oder minder großer Anteil absorbiert, bis nichts mehr wahrnehmbar ist. Zumindest für uns Menschen, Katzen und Eulen mögen da anderer Meinung sein. Auch Restlichtverstärker nutzen den winzigen Anteil aus, der noch nicht absorbiert wurde.

Ein Beispiel dazu. Es ist Mittag und die Sonne steht hoch im Süden. Nun begeben wir uns in einen Raum, dessen Fenster nur nach Norden weisen. Alles einfallende Licht kann nicht auf direkten Wege zu uns ins Zimmer gelangt sein. Es wurde von der Gesamtzahl der Objekte in unserer Umwelt reflektiert und hat dabei seine Bahn so verändert, das es in unseren Raum umgelenkt wurde. Da bei jeden Auftreffen auf ein Objekt jedoch ein mehr oder weniger großer Teil nicht reflektiert, sondern vom Objekt absorbiert wurde, so verändert es seine Eigenschaften. Es wird nicht nur abgeschwächt, es verändert auch seine Farbeigenschaften. Fotografen nutzen diese Eigenschaft teilweise bei Freilandaufnahmen. Um Schatten aufzuhellen bedienen sie sich Folien als Umlenk- und Aufhellhilfe. Je nach Eigenschaften dieser Folie kann so gezielt ein kühlerer oder wärmerer Bildton erzeugt werden.

Unser Sonnenlicht enthält somit alle Information betreffend der Oberflächen, mit denen es auf seinem Weg von der Sonne in Berührung kam. Nur stößt die Auswertung und Zurückverfolgung seines Weges bei mehrfacher Reflexion und damit einhergehender Zerstreuung auf erhebliche Hindernisse. Bei mehrfacher Zerstreuung bis hin zu unmöglich. Ohne Zerstreuung sehr wohl möglich. So wenn der größte Teil der ankommenden Lichtstrahlen, zum Beispiel durch Glasscheiben reflektiert wird, können wir sogar mit bloßen Augen anhand des Spiegelbildes die Information des bisherigen Weges ein Stück zurück verfolgen. Wir nehmen die Objekte bewusst als Spiegelbilder wahr, von denen es reflektiert wurde, bevor es in unsere Pupille einfiel. Ebenso bei heißen Luftschichten, man denke an die Erscheinung einer Fata Morgana.

Licht ist somit ein hervorragender Informationsüberträger auch über große Distanzen. In der Wissenschaft werden die Eigenschaften des

Lichtes als Informationsträger vielfältig genutzt. So in der Astronomie, wo durch Spektralanalysen des Lichtes einzelne Elemente weit entfernter Objekte bestimmt werden können. Ebenso die Entstehung unseres Universums. Durch die Auswertung der Informationen des Lichtes können wir den Ablauf sehr weit zurück verfolgen.

Doch können wir auch unbewusst Information des Lichtes wahrnehmen, das von weit entfernten Orten reflektiert und gestreut wird? Wie eine Fata Morgana, nur sehr viel schwächer und für unser Bewusstsein oder einen Film nicht mehr sichtbar?

Ja, wir können es? Oder eher nicht?

Ein Bild entsteht ja nicht in unserem Auge, ein Bild entsteht ja erst in unserem Gehirn. Und unser Bewusstsein filtert da wieder alles weg, was nicht zum räumlichen Eindruck unserer Umwelt unbedingt dazu gehört oder sogar störend wirken könnte. Unser Unbewusstes nimmt dagegen wieder sehr viel mehr auf. Diese Informationen, den Informationen aus unseren täglichen Leben und den Informationen aus allen bisher erlebten und gesehenen, werden im Unterbewusstsein verglichen, ausgewertet und aufgearbeitet.

Allerdings hat alles seine Grenzen. Dort wo eine zerstreuende Oberfläche Licht reflektiert, dort kann auch kein Bild entstehen, weil die Lichtstrahlen in einer so großen Richtungsvielfalt abgelenkt, das man von einem Chaos oder von einer chaotischen Vielfalt sprechen würde.

Warum ist es dann nicht auch auf einen Film sichtbar?

Um eine Reaktion auf einen Film hervor zurufen, muss eine gewisse Intensität vorhanden seine. Eine Mindestmenge an Licht muss einwirken können. Auch bei der digitalen Aufnahmepraxis verhält es sich so. Eine Reflexion eines sehr weit entfernten Objektes kann immer nur einen winzigen Anteil des augenblicklich vorhandenen Lichtes betragen. Es wird vom Restlicht überlagert. Wir können nicht eine Reflexion aufnehmen, die tausendmal schwächer als das uns umgebende Licht ist, ohne das es überlagert würde. Und egal wie intensiv die Allgemeinhelligkeit wäre, es wäre immer tausendmal schwächer als die uns umgebende Allgemeinhelligkeit.

Bei Mensch und Tier ist es etwas anderes. Genauso wie die Sinne eine geringe Anzahl an Molekühlen riechen können, so können sie auch eine geringe Anzahl an Lichtteilchen wahrnehmen. Passen diese nicht ins Schema unserer Umgebung, so werden diese nicht mit zu einem Bild in unserem Bewusstsein verarbeitet.

Auch können Bilder in Bilder so versteckt und überlagert sein, das sie bewusst kaum wahrzunehmen sind. Gute Beispiele dafür liefert die subliminale Werbung. Von subliminale Werbung spricht man, wenn Botschaften so versteckt werden, das sie nur vom Unterbewusstsein, jedoch nicht vom Bewusstsein aufgenommen wird. Das können zum einem Eiswürfel im Whisky- oder Colaglas sein, die unmerklich weibliche Konturen enthalten. Zum anderen könnte man Filme so manipulieren, das nach 24 Einzelbilder ein Bild mit Werbung folgt, ohne das es uns auffallen würde. Voraussetzung wäre in jeden Fall, das dieses 25. Bild sich im Tonwert und grober Erscheinungsform nicht allzu sehr von den voran gehenden und nachfolgenden Filmszenen unterscheidet. Anderenfalls würden wir diese Manipulation bemerken.

Ob es derartige Versuche gab, ist und bleibt umstritten. Auch gehen die Meinungen sehr auseinander, ob überhaupt und wenn ja, wie erfolgreich diese Werbung sein würde. Nicht umstritten ist hingegen die Möglichkeit, positive oder negative Reize durch nicht bewusst wahrnehmbare Botschaften zu übermitteln. Die Erfolgs- und Motivations-CDs, die im Handel angeboten werden, sprechen mit mehr oder weniger Erfolg vorrangig auch nur unser Unterbewusstsein an. Zwar handelt es sich hier mehr um den akustischen Bereich, das Prinzip von unterschwelligen Botschaften ist dennoch kaum anders.

Doch bleiben wir bei Bildern, bzw. bei Bildern, die in anderen Bildern versteckt sind und bewusst nicht wahrnehmbar. Ob gewollt versteckt durch Manipulation oder auf natürlicher Art ist dabei zweitrangig. Wie filtert unser Unterbewusstsein nun einige davon aus, wenn es unser Bewusstsein nicht aufnahm?

Diese Filterung muss man sich wie beim Radioempfang vorstellen. Aus tausenden von Radiosendern weltweit filtern wir nur mit Hilfe des Empfängers den heraus, den wir gerade hören möchten. Wenn ein kleiner, leistungsschwacher Sender in Australien auf der gleichen Frequenz senden würde, wie ein leistungsstärkerer Sender in Europa, so würden wir in Europa nur den stärkeren hören und wahrnehmen können. Doch trotzdem sind die Wellen aller dieser tausendenden von Sender gleichzeitig in unserer direkten Umwelt vorhanden. Und hätten wir nicht die Möglichkeit der Filterung in unseren Radio, so würden wir alle Sender gleichzeitig hören. Durch das entstehende Chaos würden wir vermutlich nur noch ein Rauschen über alle Tonlagen wahrnehmen. Doch über die Antenne aufnehmen und bis an die Eingangsstufe weitergeleitet, werden erst einmal alle empfangenen Signale aller Sender. Filterung und Auswertung sind dann die nächsten Stufen.

So und nicht anders arbeitet unser Bewusstsein. Unsere Sinne nehmen unglaublich viel mehr war, als wir überhaupt benötigen, um uns ein Bild unserer Umwelt zu formen. Alles andere wird weggefiltert. Ein Radio ist gegenüber unserem Gehirn nur ein recht primitives Gerät. Die Filterleistungen unseres Gehirns sind bisher von keiner Technik auch nur entfernt erreichbar. Diese Informationen sind jedoch stets und ständig existent. Bei einem Radio braucht man nur ein Stück weiter zu drehen, um den nächsten Sender zu empfangen. Unser Unterbewusstsein pickt sich zuweilen auch die Informationen heraus, die später einmal von Belang in unserem Leben sein könnten. In unseren Träumen können sie zum Vorschein kommen.

Die Übertragung der Informationen räumlicher Bilder von entfernten Orten ist somit möglich, wenn auch räumlich recht begrenzt durch die Entfernung, Intensität, Oberflächenstrukturen und weiterer Kriterien.

Licht und geistige Bilder.

Bisher gingen wir nur vom Licht im sichtbaren Bereich und Bildern aus, weil wir ja in Bildern träumen. Doch was sind eigentlich geistige Bilder?

Geistige Bilder, und um diese handelt es sich ja in Träumen, sind doch eigentlich ganz stark vereinfacht weiter nichts als bildliche Assoziationen auf elektrische Reizimpulse unseres Gehirns. Und da reichen wiederum schwächste äußerliche Reize aus, um stimulierend zu wirken. Auch ist Licht zu mehr in der Lage, als nur unsere

Umwelt für uns als räumliche Bilder sichtbar zu machen. Auch brauchen wir hier nicht nur vom Seesinn auszugehen, um durch eben diese elektrischen Reize Bilder entstehen zu lassen.

Wir erinnern uns, Licht verhält sich einmal wie Welle, einmal wie Teilchen. Diese Welle kann ohne weiteres zumindest unser oberstes Zellgewebe der Haut erreichen und dort auf die Biophotonenstrahlung unseres Körpers modulierend wirken.

In der Rundfunktechnik versteht man unter Modulation, wenn ein niederfrequentes Signal aus dem hörbaren Bereich, auf den nicht hörbaren Bereich eines hochfrequenten Signals aufmoduliert wird. Oder weitergefasst, wird Materie so beeinflusst, das sie durch Fremdeinwirkung neue Formen annimmt, ohne dabei ihre Eigenschaften zu verlieren, diese neuen Formen jedoch eine Information enthalten, so sprechen wir von Modulation. Ein Bildhauer moduliert einen Stein, dieser behält seine Eigenschaften und bleibt weiterhin ja steinhart. Gleichzeitig trägt er nach erfolgter Modulation jedoch vom Bildhauer aufmodulierte Aussagen und Informationen, die er den kunstbegeisterten Betrachter vermitteln wollte.

Unser Tageslicht hat einen Frequenzbereich von circa 380 bis 780 nm, das der Biophotonenstrahlung liegt in einen Frequenzbereich von 200 bis 800 nm. Daraus wird ersichtlich, das ein breiter Bereich vorliegt, in dem beide Strahlungen sich mit oder auch ohne Modulierung   gegenseitig beeinflussen können. Da alle Zellen unseres Körpers durch diese Biophotonenstrahlung mit einander Informationen austauschen (und das es so ist wird zwischenzeitlich auch in der Schulwissenschaft anerkannt), so schließen wir hier auch unsere Hirnzellen mit ein, ohne das jemand dies bestreiten könnte.

Gehen wir noch einen Schritt weiter. Unser Gehirn arbeitet wie bereits erwähnt, im Wellenbereich unter 30 Hz und dieser Wellenbereich kann nicht abgestrahlt werden. Doch die Biophotonenstrahlung arbeitet im Terahertzbereich. Und das unsere Hirnwellen auch unsere Zellstrahlung beeinflusst, nehmen wir als gegebene Tatsache an.

Aus dem vorher beschriebenen ergibt sich eine realistische Theorie mit guten Grundlagen. Hierzu auf der folgenden Seite eine kleine Übersicht als Zusammenfassung.

Die Zellen unseres Körpers stehen über der Biophotonenstrahlung mit der Lichtstrahlung des uns umgebenen Raumes in Verbindung. Beide Strahlungen beeinflussen, bzw. modulieren sich gegenseitig. Eine Resonanz mit anderen Menschen über größere Entfernung ist möglich. Es reichen geringe Mengen an Umgebungslichtstrahlung aus, die moduliert werden müssen, da ja auch geringste Mengen an Energie ausreichen, um unsere Assoziationen zu verändern. Unbewusstes senden und empfangen zwischen zwei Menschen wird dadurch ermöglicht.

Assoziationen von Bildern und Gedanken, sowie ihre Wandlung in Impulse und modulierten Frequenzen und deren Abstrahlung ist über die Biophotonenstrahlung möglich, ebenso der Empfang und die Rückverwandlung in Assoziationen.

Da alle Informationen bereits vor einem Ereignis existent sind, so können diese mit übermittelt werden und in die Assoziationen mit hinein produziert werden. Ein annähernd realistischer Voraustraum wird dadurch ermöglicht.

Somit hätten wir jetzt auch endlich eine theoretische Grundlage dafür, das es möglich ist mit Hilfe der klassischen Schulwissenschaft ein Phänomen, wie das von Vorinformationen in unseren Träumen zu erklären, ohne mit der Schulwissenschaft zu brechen.

Das diese hier aufgestellte Theorie auch große Schwachstellen hat, das bleibt leider nicht aus. Die größte Schwachstelle ist erst einmal, Licht breitet sich nicht wie ein Feld aus, sondern strahlenförmig. Diese Strahlen werden in chaotisch vielen Richtungen gestreut und könnten somit keinen Empfänger finden. Allenfalls auf recht kurzen Entfernungen wäre dieses Modell deshalb vorstellbar. So z.B., wenn wir jemanden über kurzer Distanz und einen längeren Zeitraum heimlich beobachten und die betreffende Person dies instinktiv, durch die Übermittlung eines unbestimmten Gefühles wahr nimmt. Bei alledem möchten wir auch die Infrarotstrahlung nicht vergessen, die von jedem warmblütigen Lebewesen ausgeht. Gerade diese ist ja so kräftig, das sie mit jedem Restlichtverstärker sichtbar gemacht werden kann. Somit auch ein geeignetes Medium, um auch über mittlere Entfernungen Informationen zu übermitteln. Was wir hingegen suchen, müsste noch etwas andere Eigenschaften besitzen.

Ein physikalisches Gesetz

Es gilt als geschriebenes physikalisches Gesetz, nichts ist schneller als die Lichtgeschwindigkeit. Sehr waren die Wissenschaftler überrascht, das sich die Informationsübertragung in einem Experiment im Bereich der Quantenphysik scheinbar nicht an diesem Gesetz zu halten scheint.

Bei diesem Experiment wird mit Hilfe eines Laserstrahles und eines Kristalls ein Photon in zwei Teilphotonen zerlegt. Auf ihren nachfolgenden Weg werden beide Teilphotonen mit jeweils einen Detektor gemessen. Schaltet man einen Spektralfilter in den Weg des ersten Detektors, so ändert sich nicht nur das Messergebnis dieses Detektors, sondern auch das Messergebnis des anderen. Obwohl beide Teilphotonen mit Lichtgeschwindigkeit unterwegs sind und sich voneinander entfernen, hat eine Informationsübertragung zwischen den beiden Teilphotonen stattgefunden, die von beiden das Messergebnis veränderte. Beide Teilphotonen tauschten eine Information unter sich aus, die entweder schneller als die Lichtgeschwindigkeit übermittelt wurde oder unabhängig von der Zeit die Vergangenheit (den Ausgangszustand) veränderter.

Das Kuriose daran, würde es dieses Experiment nicht geben, so würde es die Schulwissenschaft für unmöglich hinstellen und für Hirngespinste von Phantasten abtun. Etwas anderes zeigt uns dieser Versuch jedoch auch mit voller Deutlichkeit. Die Wissenschaft ist noch sehr weit davon entfernt, das Wesen der Informations-übertragung mit allen sich daraus ergebenen Varianten, Formen und Übertragungsmöglichkeiten in vollen Umfang zu erkennen und zu verstehen.

Messergebnisse von scheinbaren Überlichtgeschwindigkeiten wurden auch bei weiteren Experimenten festgestellt. So erregte ein Versuch von Günter Nimtz großes Aufsehen. Hierbei ging es um den sogenannten Tunneleffekt. Treffen Wellen oder Teilchen auf ein Hindernis, welches sie eigentlich gar nicht durchdringen dürften, so gelingt es dennoch einem geringen Teil dieser Teilchen dieses Hindernis zu überwinden – sie Tunneln es.

Dieses Phänomen wird verständlicher, wenn man davon ausgeht, das ein Hindernis in der Teilchenphysik nicht unbedingt eine absolut unüberwindbare Barriere bedeutet. Am bekanntesten wurden in diesem Zusammenhang die Eigenschaften von Neutrinos. Neutrinos entstehen bei Kernfusionen der Sterne, so wohl auch in unserer Sonne. Sie besitzen keinerlei elektrische Ladungen, bzw. sind elektrisch neutral, haben keine oder nur eine sehr kleine Masse, werden dadurch weder von Magnetfeldern, wie das der Erde abgelenkt und auf Grund dieser fehlenden Wechselwirkung mit Gravitationsfeldern durcheilen sie das Universum geradlinig. Das interessanteste an diesen Neutrinos ist jedoch, das sie fasst ungehindert durch jede Art von Materie hindurch gehen.

Auch beim bereits erwähnten Experiment von Günter Nimtz verhielt es sich so. Einen Berg als natürliches Hindernis durcheilten Partikel, die eigentlich gar nicht durch diesen hindurch gehen dürften. Bei alledem noch mit einer Geschwindigkeit, die über der Lichtgeschwindigkeit lag. Statt anerkennenden Lob erntete Nimtz erst einmal viele Kritiken aus Fachkreisen, die ihm Mängel am Experiment nachsagten.

Daraufhin beschloss er bewusstes Experiment mit echten Informationen zu wiederholen und sandte eine Sinfonie von Mozart durch einen Berg. Am anderen Ende kamen davon zwar nur Bruchstücke an, ein großer Teil der gesendeten Informationen wurde vom Berg sozusagen verschluckt, doch der Rest blieb erkennbar. Wichtig dabei, die Informationen durchquerten den Berg nicht etwa mit Lichtgeschwindigkeit, sondern kamen ohne zeitliche Verzögerung an. Die Eintrittszeit war gleich der Austrittszeit, also im selben Augenblick, in dem die Information gesendet wurde, konnte sie auch am anderen Ende empfangen werden.

Die erste Frage, die sich daraus ableitet, ist Einsteins Relativitätstheorie falsch, nach der ja nichts schneller als die Lichtgeschwindigkeit sein darf?

Die zweite Frage, können Informationen oder Teilchen, die mit scheinbarer Überlichtgeschwindigkeit unterwegs sind, in die Vergangenheit gelangen?

Beide Fragen werden wir noch beantworten.

Doch suchen wir zunächst noch etwas weiter.

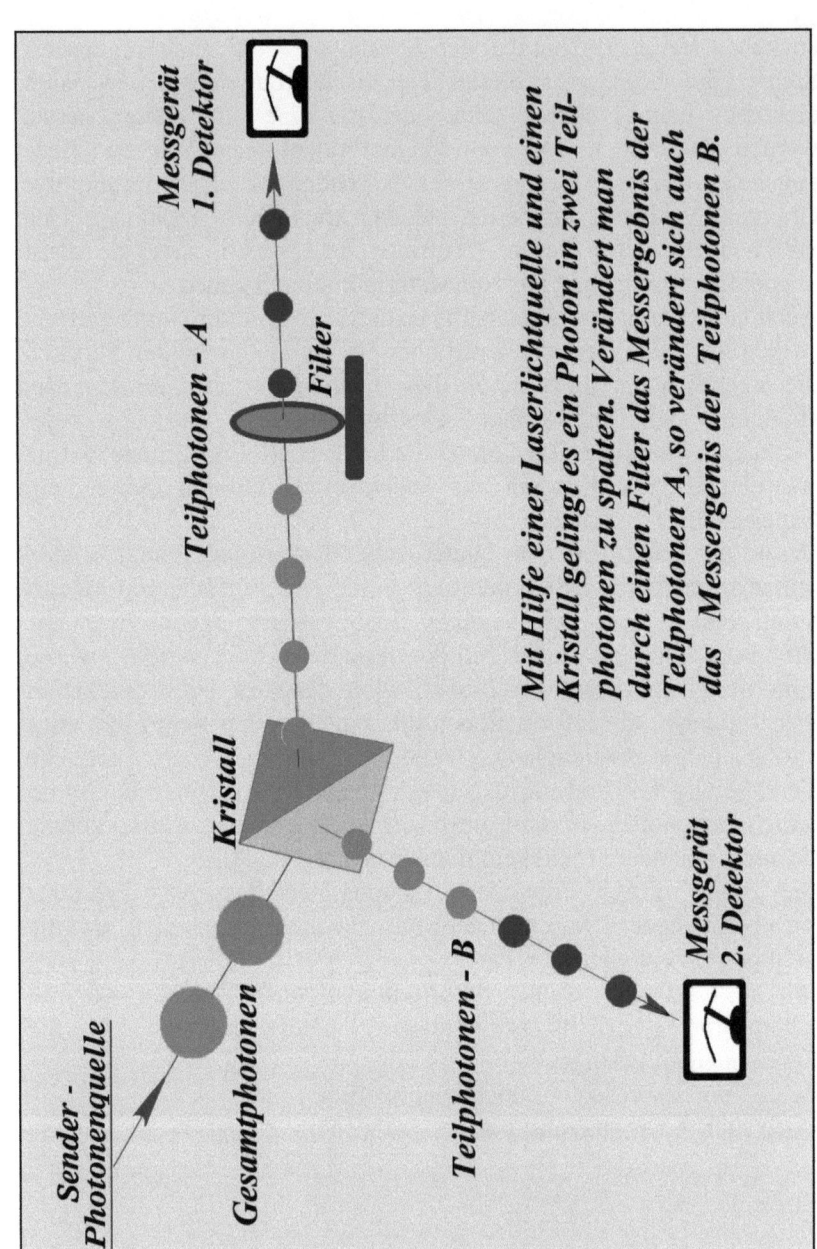

Sender - Photonenquelle

Gesamtphotonen

Kristall

Teilphotonen - A

Filter

Messgerät 1. Detektor

Teilphotonen - B

Messgerät 2. Detektor

Mit Hilfe einer Laserlichtquelle und einen Kristall gelingt es ein Photon in zwei Teilphotonen zu spalten. Verändert man durch einen Filter das Messergebnis der Teilphotonen A, so verändert sich auch das Messergenis der Teilphotonen B.

Der Stand von Schlaf- und Traumforschung

Um weiterzukommen betrachten wir uns den Stand der Schlaf- und Traumforschung etwas näher.

Die neuzeitlich Schlafforschung wie wir sie kennen, begann bereits 1936. Mit einem EEG – Elektroenzephalogramms wurden erstmals die Gehirnströme während der Traum- und Schlafphasen abgeleitet und gemessen. Weiterhin gelang es in den letzten Jahrzehnten, gesicherte Erkenntnisse darüber zu erhalten, welche Regionen in unserem Hirn in welchen nächtlichen Phasen besonders Aktiv sind. Lassen wir die einzelnen Übergänge in der Einschlafphase außer Betracht, so unterscheiden wir zwei Phasen. Die Non-REM-Phase und die REM-Phase. Das Kürzel REM steht für Rapid Eye Movement und bezieht sich darauf, das in dieser Phase sich die Augen recht schnell bewegen und das Gehirn so aktiv ist wie im Wachzustand. Die REM-Phase ist auch die eigentliche Traumphase, während in der Non-REM-Phase, neben einigen Übergansstadien, die eigentliche Tiefschlafphase enthalten ist und relativ selten Traumerlebnisse bei den Versuchspersonen vorkommen. Werden jedoch in dieser Non-REM-Phase Traumerlebnisse registriert, so sind diese sehr realitätsbezogen.

Beide Phasen bilden zusammen eine Einheit von durchschnittlich 90 Minuten. Dieser 90 Minuten Zyklus wiederholt sich während einer Nacht durchschnittlich fünf mal. Dabei ist die REM-Phase im ersten Zyklus nur cirka 10 Minuten kurz. Mit zunehmender Schlafdauer nimmt ihr prozentualer Anteil in den Schlafzyklen wesentlich zu und kann in den Morgenstunden bis zu 50 Minuten und mehr erreichen. Während dieser REM-Phase haben wir die meisten Traumerlebnisse und erstaunlicherweise ist die Hirnstromaktivität höher als im Wachzustand. In dieser Phase sollten die Muskeln unseres Bewegungsapparates so erschlaft sein, das wir weder Traumwandeln noch aus dem Bett fallen können. Einige Psychologen sind der Meinung, wenn ein Träumer in der Lage ist die Bewusstseinsschranken zu überwinden, so kann er auf einer bewussteren Ebene träumen. Bei diesen Traumerlebnissen ist dann die Rede von luziden Träumen.

Weiterhin fanden Hirnforscher heraus, das einige Hirnzellen in der REM-Phase ihre Aktivitäten gegenüber dem Wachzustand verstärken, andere Zellen hingegen deutlich reduzieren. In diesen

Fall ist die Rede von REM-Off-Zellen und REM-On-Zellen.

Zu einer anerkannten Theorie kamen Hirnforscher auf Grund folgender Untersuchungsergebnisse. Ab der 28. Woche entwickelt sich beim ungeboren Kind zuerst die REM-Phase und behält auch in diesem frühen Entwicklungsstadium des Schlafes einen hohen prozentualen Anteil am Gesamtschlaf. Daraus leiten Forscher als Schlussfolgerung ab, das der REM-Schlaf auf Grund noch fehlender äußerer Reize, auf die Gehirnentwicklung stimulierenden Einfluss ausübt. Einige Wissenschaftler gehen noch weiter und vertreten die Meinung, das der REM-Schlaf sogar während des gesamten Lebens diesen Einfluss ausübt.

Einfacher ausgedrückt, durch unsere Träume aktivieren wir auch passive Gehirnzentren und verhindern so, das diese durch Untätigkeit und Unterforderung einrosten.

Weiterhin sind sich die Wissenschaftler darüber einig, das im Traum Tageserlebnisse aufgearbeitet werden, was auch durch Test mit Versuchspersonen zweifellos bestätigt werden konnte.

Bei einen dieser Test mussten die Versuchpersonen Brillen mit roten Brillengläsern tragen. Nachts wurden sie geweckt und nach ihren Träumen befragt. In der ersten Nacht wurde nur in der 1. REM-Phase von rotgefärbten Träumen berichtet. Nach 4. bis 5. Tagen waren alle REM-Phasen einer Nacht zu über 80 % rot eingefärbt. Als die Versuchspersonen tagsüber keine eingefärbten Brillen mehr tragen brauchten, waren auch die rot eingefärbten Träume schlagartig vorbei.

Spätesten nach diesen Experimenten sind sich die Hirnforscher darüber einig, das wir in unseren Träumen systematisch die Informationen aus unseren Tageserlebnissen verarbeiten.

Weiterhin weisen Testergebnisse mit Katzen darauf hin, die in Traumphasen reflexartige Fangbewegungen machten, das auch eine Einübung und Verfestigung von Erfahrungen möglich sein könnte. Doch wer will schon wissen was Katzen gerade so träumen, wenn sie im Schlaf nach nicht vorhandenen Mäusen greifen.

Vieles weist jedoch darauf hin, auch ist dies die Meinung einiger Wissenschaftler, das wir in unseren Träumen nicht nur unsere Tageserlebnisse und die Informationen aus diesen verarbeiten, sondern, wie beim Wetterbericht, Prognosen für unser zukünftiges Verhalten und zukünftiges Geschehen entwickeln.

Weiterhin wurde beobachtet, das in den ersten REM-Phasen die

Träume realer sind und in den letzten REM-Phasen immer surrealistischer und bizarrer werden.

Prognosen und Auswertung

Sollte sich hier nicht auch eine Frage für uns daraus ergeben?
Wenn wir nun nächtliche Auswertung von Informationen betreiben und daraus Prognosen für unser zukünftiges Verhalten und für zukünftiges Geschehen in unseren Träumen bilden, sollte uns da nicht etwas ganz anderes verwundern?
Bei nur einer Prognose pro Nacht ergibt dies 3650 Prognosen in 10 Jahren. Wieso liegen wir davon 3648 mal voll daneben, wenn wir nur 2 sich bewahrheitende Vorausträume hatten?
Müssten wir uns nicht eher darüber wunden, das wir nicht viel mehr an sich bewahrheitenden Träumen haben?

Von Wölfen und Hunden.

Doch wir sind ja von einem Traum ausgegangen, der sich damit noch nicht gänzlich erklären lässt. Alle Antworten waren bisher unbefriedigend und so steht die Frage weiterhin im Raum, wie wurden diese Informationen übermittelt, um daraus einen Traum mit prognostischen Inhalt zu formen?

Gleiten wir noch einmal ins Tierreich ab. Einige Hundebesitzer berichten von der Fähigkeit ihres Vierbeiners, die Ankunft ihres Herrchens oder Frauchens im Voraus zu erahnen, selbst wenn dieser zu unregelmäßigen Zeiten und in verschiedenen Fahrzeugen nach Hause kommt. Um dieses Verhalten richtig einzuordnen, sollten wir uns die Lebensweise ihrer Vorfahren etwas näher betrachten. So ist in der russischen Tundra zu beobachten, das einige Wolfsrudel Jagdreviere von bis zu 10.000 km² Größe beanspruchen. Das entspricht in etwa des halben Territoriums Sachsen-Anhalts oder Rheinland-Pfalz. Anders ausgedrückt ergebe es eine Fläche von 100 km Länge und 100 km Breite. Laufleistungen von bis zu 80 km pro Nacht sind bei Wölfen ebenfalls keine Seltenheit.
Wie finden nun von der Gruppe abgesprengte Tiere zum Rudel

wieder zurück? In erster Linie durch akustische Signale, den allseits bekannten und weithin vernehmbaren Heulen. Auch durch Ihren ausgeprägten Geruchsinn können sie die Spur ihrer Artgenossen wittern und folgen.

Das sich im Laufe der Evolution und über einen Zeitraum von hunderttausend Jahren und mehr, sich bei ihnen auch ein Instinkt ausbildete, der ihnen die Nähe oder die Richtung von Rudelmitgliedern auch ohne akustische Signale oder Geruchsspuren verrät, erscheint eigentlich völlig logisch dabei. Nehmen wir dieses als gegeben hin, so erscheint uns auch das zuvor beschriebene Verhalten von Hunden in einem neuen Licht.

Die eigentlich offene und noch zu beantwortende Frage ist und bleibt dabei, wie werden diese Informationen übertragen?

Noch einmal Photonen.

Betrachten wir uns jetzt noch einmal dieses Experiment mit den geteilten Photonen.

Da sich bei der Messung des einen Photons auch augenblicklich die Eigenschaften des zweiten Photons verändert, spricht man hier auch von verschränkten Teilchen oder verschränkten Photonen.

Erst vor wenigen Jahren gelang nun ein weiteres Experiment, in dem 3 Photonen beteiligt waren. Betrachten wir uns dazu die Abbildung. Informationen die das Photon C mit sich trägt, verändern auch Photon A dahingehend, das es die gleichen Eigenschaften wie Photon C annimmt. Da jedoch Photon B immer zeitgleich die Eigenschaften wie Photon A übernimmt und dieses scheinbar unabhängig von der Lichtgeschwindigkeit, hat eine Informations- übertragung von C nach B stattgefunden. Wohlgemerkt, obwohl sich beide mit Lichtgeschwindigkeit von einander entfernen.

Dieser Vorgang wird in der Quantenphysik Teleportation genannt. Bisher wurden diese Experimente nur im Rahmen von Labor- experimenten durchgeführt. Jedoch gehen die Physiker davon aus, das es ohne weiteres möglich sein müsste, Informationsüber- tragungen über eine Distanz von 50 bis zu 100 km unabhängig von der Lichtgeschwindigkeit durchzuführen. Weiterhin wird nach Möglichkeiten geforscht, in wieweit diese Erkenntnisse als zukünftige Übertragungstechniken in der nächsten Computergeneration Einzug halten könnten.

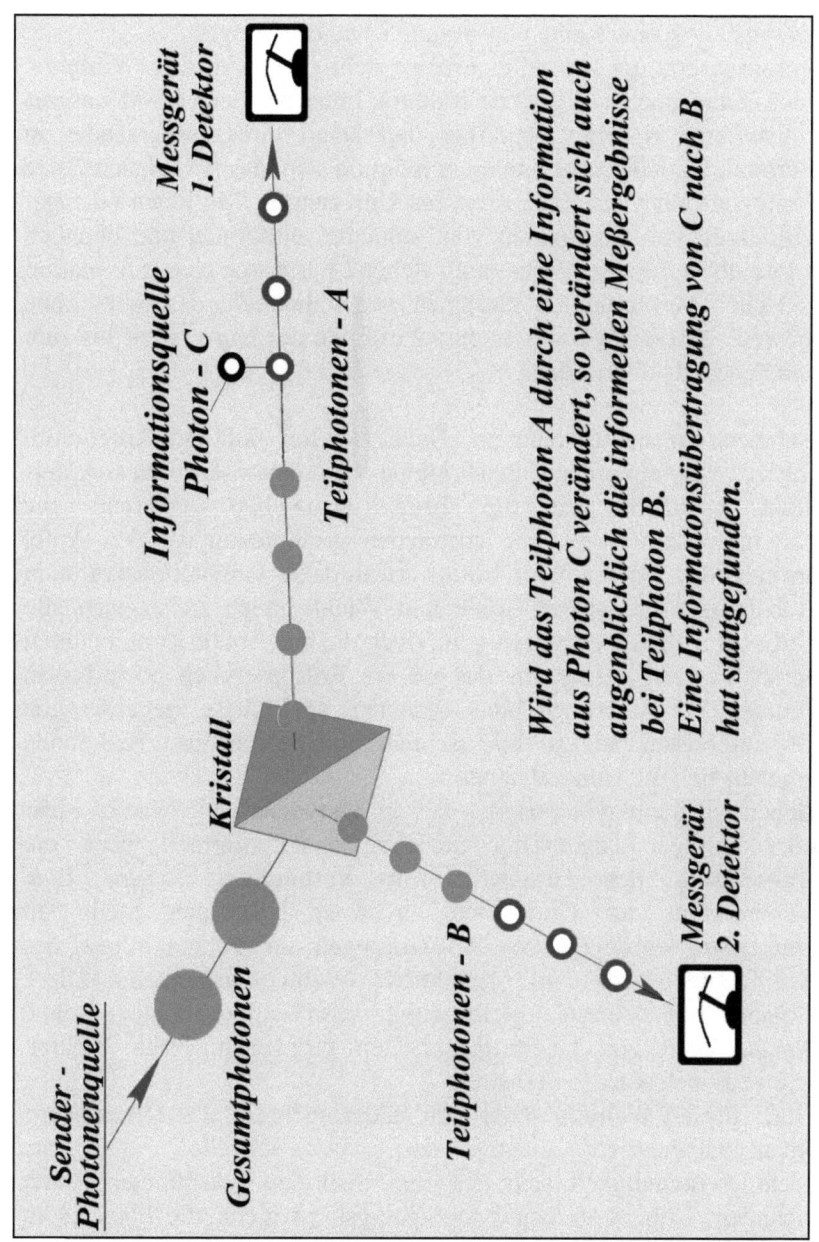

Sender - Photonenquelle

Gesamtphotonen

Kristall

Teilphotonen - B

Informationsquelle
Photon - C

Teilphotonen - A

Messgerät
1. Detektor

Messgerät
2. Detektor

Wird das Teilphoton A durch eine Information aus Photon C verändert, so verändert sich auch augenblicklich die informellen Meßergebnisse bei Teilphoton B.
Eine Informatonsübertragung von C nach B hat stattgefunden.

Aus den Experimenten mit geteilten bzw. verschränkten Photonen, sowie den daraus gewonnenen Erkenntnissen, ergeben sich zwangsläufig eine Reihe von weiteren Fragestellungen. Vorausgesetzt die Urknalltheorie ist richtig, so war ja die gesamte, auch heute noch vorhandene Materie, einst bei der Geburt unseres Universums zusammengedrängt und stand direkt miteinander in Verbindung. Könnte es nun nicht möglich sein, das sich verschränkte Photonen durch die Expansion des Universums, Millionen oder gar Milliarden von Lichtjahren von einander entfernten und dennoch informell in direkter Verbindung stehen? Lässt sich eine Information zwischen verschränkten Photonen augenblicklich, das heißt ohne jedwede Zeitverzögerung, vom einem Ende des Universums bis zum anderen Ende übertragen?

Nehmen wir die Gravitation. Nach Newton fällt ein Apfel vom Baum, weil die unbedeutend kleine Gravitationskraft des Apfels nicht ausreicht um die Erde anzuziehen, während die Gravitationskraft der Erde ausreichen groß genug ist, den Apfel anzuziehen. Jeder Körper besitzt zwar diese Gravitationskräfte in Abhängigkeit zu seiner Größe und Wichte, auch ziehen sich alle Gravitationskräfte gegenseitig an, doch die des Apfels ist nun einmal verschwindend gering, als das sie die Erde merklich beeinflussen könnte. Bei Gestirnen und Planeten sind diese gegenseitigen Gravitationsanziehungskräfte sichtbar und berechenbar. Aus ihnen ergeben sich die Umlaufbahnen.

Gehen wir nun davon aus, das sich im Universum alle Massen mehr oder weniger gegenseitig anziehen und informell über die Auswirkung der Gravitation in Verbindung stehen. Eine Veränderung der Gravitation an einer beliebigen Stelle im Universum würde dadurch Auswirkungen auf Veränderungen des Kräfteverhältnisses im gesamten Weltall bedeuten. Diese Veränderung müsste gleichzeitig, also augenblicklich ohne Abhängigkeit von Übertragungszeiten geschehen. Nach Newton würde es sich auch so verhalten.

Doch dieses Weltbild passt nun leider nicht in das Schema der Relativitätstheorie, nichts darf ja schneller als die Lichtgeschwindigkeit sein, also hat man den gekrümmten Raum erfunden. Nun ist es keine Anziehungskraft mehr, die Planeten in ihrer Umlaufbahn hält, sondern die Krümmung des Raumes um

Sterne und Planeten, welche die Umlaufbahn vorgeben.

Schön und gut, doch durch was wird diese Raumkrümmung hervorgerufen? Es ist kein Medium, wie etwa bei der veralteten Theorie vom Äther, welches durch einen festen Körper durch Verdrängung geformt und gekrümmt wird. Es ist ja ein leerer Raum, also ein Nichts und wie sollte ein Nichts gekrümmt werden? Es ist kein Wasser, das vom Schiffsrumpf geteilt wird und diesen dann als abgelenktes Medium umspült. Selbst Einstein kam so nicht weiter und hat bei seiner speziellen Relativitätstheorie die Gravitation einfach weggelassen und kaum jemand hat es seither wohl versucht. Weil man so nicht weiterkommt, ist die Rede davon, das die Raum-Zeitlinie gekrümmt wird. Doch die Frage bleibt, was soll durch was in einen leeren Raum gekrümmt werden? Und unsere Kompassnadel, bewegt die sich nun in Richtung Norden, weil der Raum gekrümmt ist, oder auf Grund der Kräfte des Magnetfeldes? Da hier das Magnetfeld und die daraus wirkende Kräfte eine Ablenkung der Nadel in Richtung Norden bewirken, kann wohl als unbestritten gelten. Warum sollte man es nun nicht auch als gegeben hinnehmen, das dieses Magnetfeld nicht auch vorbei fliegende Teilchen so beeinflusst, das sich daraus eine gekrümmte Bahn des Teilchens, als eine Raum-Zeitkrümmung ergibt? Die Ablenkung des Sonnenwindes durch das Magnetfeld der Erde gilt ja ebenfalls als bewiesen und würde dafür sprechen, weiterhin die Polarlichter. Auch würden die Eigenschaften und Flugbahnen von Neutrinos dafür sprechen. Wir erinnern uns, sie fliegen geradlinig durch Raum und Zeit, weil sie auf Grund ihrer neutralen bzw. nicht vorhandenen elektrischen Ladung und des kaum vorhandenen Gewichtes nicht von Gravitationsfeldern beeinflusst werden. Was ja nichts anderes bedeuten würde wie, alle anderen Teilchen werden von Gravitationskräften beeinflusst. Nur würde es ja auch beweisen, das Versuche mit verschränkten Photonen keine Ausnahme sind und auch die Gravitation, zumindest die betreffenden Informationen über Gravitationsänderungen sich unabhängig von der Lichtgeschwindigkeit ausbreiteten. Auch die experimentalen Studien mit den Übertragungen von Informationen durch einen Berg scheinen dies ja zu bestätigen. Wem und was würde es stören, mal in dieser Richtung intensiv zu forschen, ob die Informationsübertragung betreffend Gravitationsänderungen unabhängig von der Lichtgeschwindigkeit möglich ist?

Dabei würde es keine physikalischen Gesetze verletzen. Ob Einstein oder Newton, ob Gravitation oder absolute Lichtgeschwindigkeit, alles beruht auf die Bewegung von Materie. Doch das Wesen der Informationen ist genauso immateriell wie die Zeit. Ohne relativen Bezugspunkt wäre die Zeit nicht messbar und dennoch vorhanden, doch wie verhält es sich mit der Information?

Werden Informationen durch einen Berg gesendet, den sie eigentlich gar nicht durchdringen können, so erreicht ein Teil dieser Informationen dennoch den Empfänger und dies unabhängig von der Lichtgeschwindigkeit.

Zwei Fragen standen noch offen. Erste Frage, ist Einsteins Relativitätstheorie falsch, nach der ja nichts schneller als die Lichtgeschwindigkeit sein darf?
Die zweite Frage, können Informationen oder Teilchen, die mit scheinbarer Überlichtgeschwindigkeit unterwegs sind, in die Vergangenheit gelangen?

Nein, weder ist Einsteins Theorie falsch, noch können Teilchen die Vergangenheit verändern oder in diese gelangen. Die Information zwischen zwei verschränkten Photonen, ebenso die getunnelten Informationen im Berg, beide Informationen waren zwar unabhängig von der Lichtgeschwindigkeit unterwegs, doch es erfolgte keine Reise von Informationen in die Vergangenheit, wie es bei einer Reise mit Überlichtgeschwindigkeit eigentlich der Fall sein müsste. Ausgangs- und Eingangsinformationen waren nur Zeitgleich. Wir hätten nicht die ersten Takte der Sinfonie bereits hören können, kurz bevor sie gesendet wurden, wie es bei einer echten Reise von Informationen mit Überlichtgeschwindigkeit in die Vergangenheit den Erwartungen entsprochen hätte, wir hätten sie nur ohne Zeitverzug hören können.

Ebenso bei verschränkten Photonen, beide verändern zeitgleich ihre Eigenschaften. Würde die Information mit Überlichtgeschwindigkeit in die Vergangenheit reisen, so wäre es auch möglich, das Teilphoton B bereits die Eigenschaften von Photon A annimmt, noch bevor ein bei Teilphoton A ein Filter zwischen Prisma und Detektor eingeschoben wurde. Jedoch bei keinen der bisher durchgeführten Experimente wurde meines Wissens nach jemals derartiges beobachtet.

Eines geht nur auch hieraus eindeutig hervor, die Information hält sich nicht an die Lichtgeschwindigkeit und unsere weiter vorne aufgestellte Behauptung, das die Zeit der Information, die zur Auslösung eines Ereignisses führt, zwar in der selben Zeitrichtung verläuft, jedoch der Zeit des Ereignisses voran, wird dadurch untermauert.

Wie ist es bei unserem Beispiel mit dem Berg, machen wir dazu ein kleines Gedankenexperiment. Wenn sie möchten, so können sie es auch selbst nachvollziehen. Auf einen stabilen Tisch legen wir zwei Rollen und auf diese Rollen einen Balken. Vor dem linken Ende des Balkens können wir noch eine Kaffeekanne positionieren. Nun schieben wir an dem einem Ende des Balkens und werden feststellen, das augenblicklich auch eine Reaktion am anderen Ende des Balkens zu beobachten ist. Also, die Kanne hatten wir links zu stehen. In dem Augenblick wo wir nun am rechten Ende des Balkens diesen in Pfeilrichtung wie in der folgenden Skizze angedeutet verschieben, wird auch auf der linken Seite eine Reaktion erfolgen.

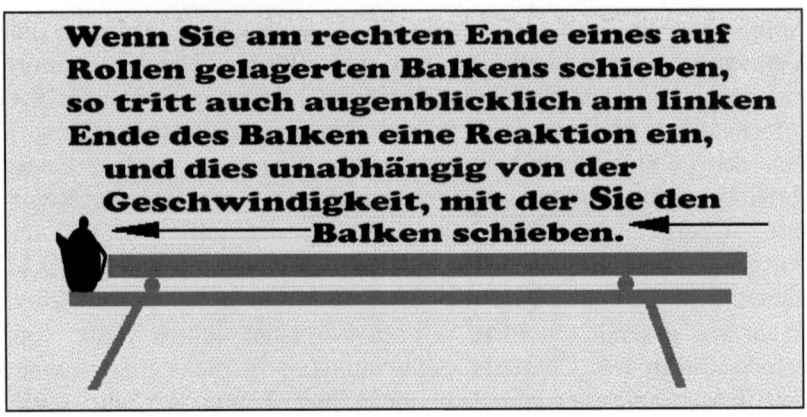

Wenn Sie am rechten Ende eines auf Rollen gelagerten Balkens schieben, so tritt auch augenblicklich am linken Ende des Balken eine Reaktion ein, und dies unabhängig von der Geschwindigkeit, mit der Sie den Balken schieben.

Nun setzen wir unser Gedankenexperiment fort und schieben diesen nicht mehr manuell, sondern mit Lichtgeschwindigkeit. Am rechten Ende trifft nun ein Informationsträger mit Lichtgeschwindigkeit auf und versetzt den Balken einen Impuls, am linken Ende könnten wir augenblicklich die Information des Impulses empfangen. Eine Zeitspanne zur Übertragung von rechts nach links benötigt der Impuls nicht, da er augenblicklich übertragen wurde. Der Balken hat sich dabei jedoch nur mit der Lichtgeschwindigkeit des Impulses ein kleines Stückchen von rechts nach links vorwärts bewegt. Die Information traf jedoch mit scheinbarer Überlichtgeschwindigkeit bei unserer Kaffeekanne ein, da sie für den zurückgelegten Weg, von einem Ende des Tisches bis zum anderen Ende, keine Zeit benötigte.

Sicher hinkt unser Beispiel sehr. So wäre es auf den Tunneleffekt ja gerade noch so übertragbar, wenn wir uns einen in der Tunnelröhre liegenden Balken vorstellen würden. Nicht aber so bei dem Experiment mit den verschränkten Teilphotonen. Hier müssten wir von einem starren Universum ausgehen und es würde sich selbst dann noch die Frage stellen, was sollte diese Information augenblicklich übertragen? Noch gewaltige hinkt unser Beispiel, da wir die Trägheit der Masse außer acht ließen. Schon bei größeren Auftreffgeschwindigkeiten eines Informationsträgers würde unser Balken eher zerbersten, als sich augenblicklich fortzubewegen. Beim Auftreffen mit Lichtgeschwindigkeit würde seine Masseträgheit sogar unendlich groß.

Fazit

Telepathie als Möglichkeit zur Informationsübertragung zwischen Mensch und Mensch oder zwischen Mensch und Tier wird als nicht nachweisbar bislang von der Schulwissenschaft nicht anerkannt. Auf der anderen Seite laufen jedoch versuche, wie die Eigenschaften von Telepathie in der Computerindustrie vermarktet werden könnten. Aauuu, Entschuldigung, da heißt es ja dann Teleportation, da es ja aus Experimentierstuben von Quantenphysikern kommt.

Doch auch in anderen wissenschaftlichen Bereichen sieht es nicht viel anders aus. Forscher suchen nach Zusammenhängen um eine allgemeingültige Weltenformel aufzustellen. Da sie mit ihren Berechnungen nicht so recht weiterkommen, werden immer neue Scheindimensionen erfunden und eingeführt. Nur damit Formeln und Berechnungen doch endlich aufgehen möchten, rechnen einige mit bis zu 23 Dimensionen oder mehr und führen in Ihren Berechnungen Dimensionen für Parallel- und Antiwelten ein. Keiner dieser Experten vermag jedoch zu sagen, wie denn nun diese Dimensionen aussehen könnten. Andere spekulieren darüber, ob Schwarze Löcher im Universum eventuell eine Verbindung zu Parallel- oder Antiwelten bilden. Oder ob diese Schwarzen Löcher gar Wurmlöcher bilden, durch die sich der Weg zwischen den Galaxien abkürzen ließe, um von einem Ende des Universums bis zum anderen zu reisen. Sucht jedoch jemand nach Erklärungen für alltägliche Erscheinungen, von denen schon unsere Ahnen seit der Antike berichteten, so hätte er einen schlechten Stand, um in der Schulwissenschaft akzeptiert zu werden.

Anders wenn es um Interessen von Großmächten geht, da wurden bis vor noch gar nicht allzu langer Zeit kaum Mittel gescheut, um auf wissenschaftlichen Gebieten auch in diesen Bereichen dem Gegner eine Nasenlänge voraus zu sein. Ob CIA oder KGB, beide Seiten führten, seit den fünfziger Jahren des letzten Jahrhunderts bis zum Ende des kalten Krieges, sogar recht intensive Forschungsprojekte durch.

In einem dieser Experimente wurde eine Katze von ihren Jungen getrennt. Die Katze wurde mit Elektroden verdrahtet um ihre Hirnaktivitäten aufzeichnen zu können. Währendessen brachte man ihre Jungen auf ein U-Boot, welches dann auch abtauchte, um sämtliche Möglichkeiten einer Informationsübertragung auszuschließen. Als das U-Boot dann abgetaucht war, wurden ihre Jungen getötet. Diese Experimente sollen wohl zufriedenstellend verlaufen sein und die Katze eine deutliche Reaktion gezeigt haben, im Augenblick des Todes ihrer Jungen. Doch andersherum, wie fühlt sich eine Katze, denen man die Jungen nahm und die verdrahtet ist? Ein ausgewogenes Grundmuster ihrer Hirnaktivitäten wird man wohl auf diese Weise kaum erreicht haben, um aussagekräftige Rückschlüsse gegenüber ihrem Allgemeinverhalten ziehen zu können.

Zusammenfassung II

Informationen sind immateriell und bedürfen ein Medium zur Übertragung. Informationen können uns schon vor dem Ort des Geschehens erreichen und Informationen über kommende Ereignisse sind bereits in der Gegenwart existent. Ein wesentlicher Teil der Informationen, die uns in unseren Gefühlen, sowie in unserem Handeln und Tun leiten, sind bereits in unseren Genen enthalten. Eine Mischung aus beiden macht erst unser eigentliches Leben aus. In Traumphasen werten wir alle bewusst und unbewusst gesammelten Informationen durch Filterung aus.

Zu den unbewusst gesammelten Informationen müssen wir dabei auch diejenigen zählen, die durch andere Formen der Informationsübertragung zu uns gelangten. Aus allen bewusst und unbewusst gesammelten Informationen bilden wir mit Hilfe assoziierte Traumbilder auch Prognosen für zukünftiges Geschehen.

Unsere Hirnwellen liegen im Niederfrequenzbereich, während die Biophotonenstrahlung unserer Hirnzellen im Teraherzwellenbereich arbeitet, der sich mit dem Wellenbereich des Sonnenlichtes deckt. Eine gegenseitige Beeinflussung und Modulation von Hirnwellen und Biophotonenstrahlung ist somit nicht nur möglich, sondern höchstwahrscheinlich. Eine Resonanz von modulierter Biophotonenstrahlung mit dem Tageslicht ist möglich, eine Übertragung über kürzere Entfernungen ebenfalls.

Bei einer Resonanz von Hirnwellen – Biophotonen – körpereigener Infrarotstrahlung wäre auch eine Informationsübertragung über mittlere Distanz möglich. Aus der Teilchenphysik ist bekannt, das Informationsübertragung zwischen verschränkten Photonen auch von Raum und Zeit unabhängig auftritt.

Unsere Schwachstellen, wir suchen weiter.

Nun haben wir uns einige Grundlagen erarbeitet, wissen das Nötigste zu Raum, Zeit und Informationsübertragung, auch einige gute Ansätze zu einer Theorie betreffend der Informationsübertragung entwickelt, doch irgendwie sind da noch zu viele Schwachstellen enthalten.

Betrachten wir uns diese Schwachstellen etwas näher. Zum einen ist es die begrenzte Reichweite der Strahlung, ob Biophotonen- Tageslicht- oder Infrarotstrahlung lassen wir hier mal außen vor. Zum anderen ist da eine große Unregelmäßigkeit in unseren Träumen. Aus eigener Erfahrung weiß ich, da ich in meiner Jugendzeit von vier Motorradunfällen lediglich einen als Voraustraum wahrnahm, diesen jedoch mit Gewissheit. Auch von anderer Seite ist oft zu höheren, einmal wird ein Ereignis im Voraus wahrgenommen, ein anderes mal nicht. Eine Regelmäßigkeit ist nicht zu erkennen, ebenso keine Prioritäten in bezug auf die Nachhaltigkeit des Ereignisses.

Wie wird nun eine Information übertragen, wenn der direkte Weg auf Schwierigkeiten stößt? Ob in der Natur oder in der Technik, durch Zwischenspeicherung. So riecht kein Hund über eine Entfernung von 3 km ein zu suchendes Lebewesen, gleich ob Artgenossen oder Mensch. Nur an Hand weniger, für uns nicht wahrnehmbarer Geruchsmolekühle, zwischengespeichert auf eine Fährte, kann er augenblicklich die Richtung prognostizieren.

Ja richtig, nicht bestimmen, nur prognostizieren. Das geschieht in etwa folgendermaßen. In Punkt A sind Geruchsmolekühle vorhanden, in Punkt B nicht, in Punkt C sind wieder welche vorhanden, in Punkt D wieder nicht. In seinem Gehirn läuft nun ständig ein Prozess von Hochrechnungen ab, das Ergebnis ist in diesen Fall eine gedachte Ziellinie von Punkt A nach Punkt C und als verlängerte Gerade über Punkt C hinaus. Hinter Punkt C werden erneut Geruchsproben genommen, erneute Hochrechnung, ob die Linie noch stimmt oder korrigiert werden muss. Im übrigen beim Menschen nicht anders, wenn er in einer für ihn fremden Landschaft unterwegs ist. Bei unzureichender Kenntnisse über Orientierungs- hilfen, stellt er zuweilen fehlerhafte Hochrechnungen für seine Wegprognosen auf und läuft im Kreis. Dies alles läuft, für Mensch oder Hund völlig unbewusst, als Hintergrundprozess ab.

Welcher Zwischenspeicherverfahren bedient sich nun der Mensch? Als erstes war da die symbolhafte Zeichnung, dann folgte die Schrift. Mit zunehmenden technischen Errungenschaften traten Speichermedien, wie elektromagnetische Aufzeichnungen ihren Siegeszug an. Bei beinahe allen neuzeitlichen Aufzeichnungen zur Speicherung, hat nun wieder gerade das Licht einen sehr hohen Stellenwert. Da werden mit Laserlicht Medien gebrannt und zur Rückgewinnung der Informationen auch wieder mit Laserlicht abgetastet. Optische Speicherungen, wie Foto, Film und digitale Aufnahmen wären ohne die Hilfe des Lichtes nicht möglich. Bei räumlicher Aufzeichnungen wird wiederum ein Lichtstrahl benutzt, um Gegenstände abzutasten und diese Aufzählung könnten wir ohne weiteres noch fortsetzen und nach weiteren Beispielen suchen.

Stellen wir uns nun vor, das jede Technik bisher noch lange nicht an die Fähigkeiten der Natur heranreicht, so liegt die Vermutung nahe, das es in der Natur noch wesentlich komplexere Möglichkeiten gibt, mit Hilfe des Lichtes Informationen zu speichern.

Da speichern wir mit Hilfe eines Lichtstrahles Bilder, Töne und unsere Gedanken, in Form von Formeln, Zeichnungen und Schrift auf einen Datenträger und rufen diesen mit Hilfe eines Lichtstrahles auch wieder ab. Und ausgerechnet die Natur sollte da nicht eventuell noch über viel bessere Methoden verfügen?

Noch einmal kurz zum Licht.

Wo ist unser Tageslicht geblieben, wenn es beginnt zu dunklen? Es wurde absorbiert. Ein gewisser Prozentsatz sofort, der restliche prozentuale Anteil nach mehrfacher Reflexion. Was geschieht nun bei dieser Absorption? Der nicht reflektierte Anteil der Lichtstrahlung dringt in das Medium ein und wird dort in den verschiedenen Wellenlängenbereichen unterschiedlich stark absorbiert. Dabei absorbieren Atome immer genau den Lichtanteil, den sie bei geeigneter Anregung auch emittieren würden. Die Energie des Lichtes wird bei diesem Vorgang als Wärme an das Medium abgegeben. Und die im Lichtquant enthaltene Information? Geht diese einfach verloren? Das die Lichtstrahlung auch die Eigenschaften eines Körpers verändert, das kennen wir nicht nur von den ausgeblichenen Farben bei älteren Tapeten. Wenn wir davon ausgehen, das diese im Licht enthaltenen Informationen bei der Absorption nicht verloren geht, so würde es bedeuten, sie wird gespeichert.

Gehen wir weiterhin davon aus, das die unterschiedlichsten Materialien in unserer Umwelt, die im Licht enthalten Informationen auch unterschiedlich gut speichern können, haben wir einen guten Ausgangspunkt, um unsere Theorie zu vervollkommnen.

Doch bevor wir uns nun an die Arbeit machen und eine Theorie entwickeln, betrachten wir uns einmal kurz einen ganz anderen Grenzbereich der Wissenschaft und stellen noch einen Merksatz auf.

Von Geistern und geisterhaften Erscheinungen

Eine ganz andere Frage stellt sich bei dem im letzten Abschnitt getroffenen Schlussfolgerungen über die Absorptionseigenschaften des Lichtes, sowie der damit verbundenen Absorption der in diesen enthaltenen Informationen ebenfalls. Gleiten wir dazu etwas in den Bereich von menschlichem Geist, Geistern und geisterhaften Erscheinungen ab.

Wer kennt sie nicht, zumindest einen mehr oder minder großen Teil von ihnen, diesen vielen Geschichten von Geistern? Gleich ob es sich um Geschichten, Sagen und Legenden von naturnahen Geistern handelt, die in Vollmondnächten auf einsamen Waldlichtungen ihr Unwesen treiben, oder als ruheloser Geist von Verstorbenen in so manchen alten Gemäuer spuken. Doch alles nur reiner Unsinn und Aberglaube?

In allen Kulturen und in allen Epochen spielten gute wie böse Geister eine mehr oder minder große Rolle. Um die Geister nicht gegen sich aufzubringen und zu beschwichtigen, wurden ihnen Opfer dargebracht und den Geistern von Verstorben wurde in Zeremonien gehuldigt. In der Neuzeit hat sich dieses Bild gewandelt, ist jedoch nicht verschwunden, es wurde zum Teil nur kommerzialisiert. Erst ein altes Schloss, in dem es so richtig spukt, sorgt ja mancher Ort erst für den richtigen Touristenboom. Vermeintliche Geisterjäger fanden ein weites Betätigungsfeld, das es auch in der Kasse reichlich klingeln lässt, und einige Wissenschaftler sahen sich genötigt erst einmal alles wiederlegen zu wollen. Was dabei herauskam waren zum Teil unerwartete Ergebnisse.

Wollen wir die wichtigsten Erkenntnisse hier in kürze Vorstellen. Als erstes hätten wir da den Infraschall als Übeltäter, den wir eigentlich gar nicht bewusst hörbar wahrnehmen können. Infraschall liegt in einem für das menschliche Gehör nicht mehr in hörbare Töne umwandelbaren Frequenzbereich, Versuche ergaben jedoch, das Infraschall in einem Frequenzbereich von 15 bis 20 Hertz das menschliche Auge zu Fehlinterpretationen verleitet. Diese Erkenntnisse wurden auch von der NASA bestätigt.

Man geht weiterhin davon aus, das durch Infraschall alle Sinneswahrnehmungen mehr oder minder beeinflusst werden können. An Orten, an denen der Mensch Infraschallwellen ausgesetzt ist, könnte es dadurch bedingt zu geisterähnlichen Halluzinationen kommen. Weiterhin könnten durch Infraschall Krämpfe, Atemnot und Ängste ausgelöst werden. Natürliche Auslöser können stürmische Winde und Meeresbrandungen sein. An künstlichen Auslösern wären da elektrische oder mechanische Geräte mit bewegten Teilen zu nennen, doch auch ein kräftiger Luftzug in Gebäuden könnte Gegenstände in für uns nicht hörbare Vibrationen im Infraschallbereich versetzen.

Steht doch wieder unsere Frage, bewusst können wir Infraschall mit unseren bekannten Sinnesorganen nicht aufnehmen, doch wie empfangen wir den Infraschall dann? Das er auf unser Unterbewusstsein einwirkt, das steht ja auch von Seiten er Wissenschaft aus gesehen außer Frage.

Diese Fehlinterpretation von der nicht Wahrnehmbarkeit von Infraschall führt wie ein roter Faden durch die gesamte Literatur und wird wohl auch noch heute teilweise an Schulen so gelehrt. Richtiger ist wohl die Behauptung, Infraschall ist für das menschliche Gehör nicht mehr in hörbare Töne umwandelbar, doch das Ohr vermag sehr wohl Infraschall als Luftdruckschwankungen ab einen Pegel von 70 dB wahrzunehmen und auszuwerten. Wohlgemerkt für uns unbewusst!

Inwieweit mit Hilfe von Infraschall auch Informationen Übertragen werden können, ist bisher nur unzureichend erforscht. Interessant wäre dabei, das die Dämpfungseigenschaften vieler Materialien gegenüber Infraschall weitaus geringer sind, als bei höher frequenten Schall, einschließlich der Dämpfung durch die Luft bei der Ausbreitung im freiem Gelände. Daraus ergeben sich weitreichende Übertragungswege. Zudem bilden hohe Gewölbe, lange Flure usw.

für den von außen eindringenden Infraschall einen guten Resonanzhohlraum, um seine Wirkung eher noch zu verstärken.

Doch wenden wir uns Übeltäter Numero Zwei zu, dem natürlichen Magnetfeld unserer Erde. Dieses ist ganz und gar nicht so sehr gleichmäßig verteilt, wie es viele vielleicht meinen. So weicht es nur als Beispiel bei größeren Quarzvorkommen von seinen Durchschnittswerten ab. Bedenkt man hierbei, das Quarz anteilig etwa 12 % der Erdkruste ausmacht, ebenso alle Baumaterialien mehr oder weniger Quarz enthalten, so kann man sich auch vorstellen, wie ungleichmäßig selbst innerhalb eines großen Gebäudes das Magnetfeld ausgebildet sein kann.

Bei wissenschaftlichen Experimenten setzte man Versuchpersonen einer geringfügigen elektromagnetischen Strahlung im Bereich von knapp unter 10 Hertz aus. Auf diese Weise sollte eine minimale Erhöhung gegenüber den Durchschnittswerten des natürlichen Erdmagnetfeldes simuliert werden. Diese Strahlung unter 10 Hz, auch Schumann-Wellen genannt, kommen auch in der Erdatmosphäre vor und lösen in unserem Hirn veränderte Bewusstseinszustände aus.

Um dieses Phänomen verstehen zu können, muss man folgendes wissen. Im Wachzustand laufen Prozesse in unserem Hirn etwa in einem Frequenzbereich von 13 bis 30 Hz ab, den sogenannten Beta-Wellenbereich. In der Einschlafphase, ebenso im entspannten Wachzustand, wie es zum Beispiel bei Meditationen der Fall ist, arbeitet es im Alpha-Wellenbereich, der bei 8 bis 12 Hertz liegt. In Traumphasen treten Theta-Wellen mit einer Frequenz von 4 bis 7 Hertz auf und im traumlosen Tiefschlaf Delta-Wellen mit einem Frequenzbereich von 1 bis 3 Hertz.

Weiterhin muss man dazu wissen, dass die positiv geladene Ionosphäre und die negativ geladene Erdoberfläche, wie die beiden Hälften eines Kondensators wirken. Zwischen beiden sich eine elektrische Spannung aufbaut und wenn diese groß genug ist, sich durch Gewitter entladen kann, was auch ständig auf der Welt irgendwo passiert. Die dabei entstehenden Blitze senden Radiowellen aus im Resonanzbereich der Erde und diese Eigenresonanz unserer Erde liegt bei 7,38 Hertz. Wellen in diesen Frequenzbereich sollen bei genügender Intensität fasst ungehindert die Erde durchdringen können und vermutlich nicht nur die Erde.

So verwundert es auch nicht, das Menschen, die erhöhten Werten in diesem Wellenbereich ausgesetzt waren, gleich ob durch einem natürlichen geringfügig veränderten Erdmagnetfeld, oder durch Laborversuche, also einen Wellebereich, der dem Halbschlafwellenbereich oder Meditationswellenbereich unseres Hirns entspricht, auch über veränderte Bewusstseinszustände berichteten.

Diese veränderten Bewusstseinszustände waren begleitet von mystischen Erfahrungen bis hin zu Geistererscheinungen. Dabei soll es zu Gefühlen gekommen sein, als ob die Versuchspersonen eins wurden mit dem Universum. Weiterhin soll letzterer Zustand als normaler und realitätsnäher empfunden worden sein, als die eigentliche Realität.

Woraus sich eine neue Frage ergibt, hat sich unser natürliches Erdmagnetfeld in den letzten Jahrtausenden möglicherweise derart verändert, das sich unser Hirn nicht anpassen konnte und wir in einer etwas gebremsten Realität leben, bzw. diese uns etwas grauer erscheint, als sie es eigentlich wäre?

Doch unter dem Punkt Geist gibt es noch einen weiteren Gesichtspunkt zu betrachten. Die meisten Berichte über Erscheinungen aus der Geisterwelt beziehen sich ja auf in Vorzeiten real lebende Personen, die auf mysteriöse Weise verstarben und dergleichen.

Haltlose Theorien gehen von Restenergiefeldern oder anderen aus. Doch betrachten wir uns die Sache einmal aus einem ganz anderen Blickwinkel. Einen Blickwinkel, den der eine oder andere unter den älteren Lesern möglicherweise nachempfinden kann.

Was passiert mit unserem Geist, oder mit dem Geist von lieben, uns nahestehenden Angehörigen, die wir verloren haben? An dieser Stelle bitte nichts Übernatürliches oder Spekulatives, wie ein Weiterleben nach dem Tod. Was an den Nahtoderfahrungen dran ist, ob es ein Weiterleben gibt oder nicht, damit wollen wir uns hier nicht auseinandersetzen.

Nein ganz real, wir tragen in der Erinnerung ihren Geist in uns fort. Solange er in unserer Erinnerung existent ist, solange ist auch zumindest noch ein Teil seines Geistes existent und lebt in uns fort. Dazu brauchen wir nicht einmal auf dem Friedhof zu gehen, um in Erinnerungen zu schwelgen, oder versuchen in spiritistischen

Seancen Kontakt aufzunehmen. Nein es reicht aus wenn wir einfach abschalten und in uns gehen, um zu wissen – in dieser Situation hätte er/sie sich so verhalten – auf diese Frage hätte sie/er so geantwortet. Solange wir dieses noch wissen, solange lebt auch der Geist unseres Angehörigen noch in uns fort. Solange wir uns an ihm erinnern können, solange ist auch sein Geist noch nicht restlos verschwunden. Doch gehen wir noch einen Schritt weiter, wann und wo ist dieses in uns Weiterleben am stärksten ausgeprägt?

Wenn wir uns in den unveränderten Räumlichkeiten befinden, in denen er lebte. Wir können förmlich nachempfinden, wie er durch den Flur schlürfte, sich in den Sessel setze oder andere typische Verhaltensweisen. Doch ist es hier richtig von Restenergiefeldern zu reden und nach diesen zu suchen? Sollten wir hier nicht viel eher von Restinformationsfeldern sprechen?

In diesen Fall ist es noch einfach, es handelt sich eindeutig nicht um Restenergiefelder, dafür eindeutig um Restinformationsfelder, die wir visuell mit den Augen wahrnehmen können, wie den alten Sessel, in dem er immer saß und die in unserem Hirn ein klares Bild der Erinnerung hervorrufen.

Und wenn wir diesen Gedanken einmal fortsetzen, so wird auch eines ganz deutlich und klar dabei, hier liegt ein Grund verborgen, warum sich bislang die Schulwissenschaft noch so schwer damit tut, so einiges anzuerkennen. Es wird nach messbaren Werten der Materie gesucht, wie es eben ein Restenergiefeld ausstrahlen würde. Es wird jedoch nicht nach energielosen Informationen gesucht, doch gerade diese sind es, die in unseren Unterbewusstsein Einlass finden. Um nicht dem gleichen Fehlern zu unterliegen, so wollen wir uns auf den nächsten Seiten noch einmal mit dem Wesen der Information etwas näher beschäftigen.

Ein Merksatz

Wir leben in einer Informationsgesellschaft und obwohl uns auf Schritt und Tritt die vielfältigsten Informationen über Printmedien, Rundfunk und Fernsehen erreichen, macht sich dennoch kaum jemand Gedanken über das Wesen der Information, oder ist sich gar im klaren darüber, das wir ohne Information überhaupt nicht existieren würden. Ohne Information gebe es weder uns, noch das uns bekannte Universum in der gegenwärtigen Form.

Sie glauben mir nicht, nun gut, so betrachten wir das Wesen der Information auch noch von dieser Seite.

Ohne Information würde Chaos entstehen. Stellen Sie sich einen Kreuzungsbereich ohne Information vor. Vorfahrtschilder sind eine Informationsquelle, ebenso eine Ampelanlage, also schrauben wir diese ab. Ebenfalls demontieren wir die Blinkleuchten an den beteiligten Fahrzeugen, damit wir über diese keine Information über die Fahrtrichtung mehr an die anderen Verkehrsteilnehmer übermitteln und weiterleiten können. Bliebe noch die einst gelernte und in unseren Hirn abgespeicherte Information der Rechts vor Links-Regel, die wir noch löschen müssen. Spätestens jetzt würde das Chaos seinen Anfang nehmen und die ersten Blechschäden sich häufen. Da wir ohne Information jedoch auch keine Möglichkeit hätten eine Information an den Abschleppdienst zu übermitteln, würde in kurzer Zeit der gesamte Verkehr durch das sich häufende Chaos zusammenbrechen.

In der Wissenschaft tritt an Stelle des Wortes Chaos der Begriff Entropie. Wie bereits im Laufe dieses Buches an anderer Stelle erwähnt, die Lehre von der Entropie geht davon aus, das in der Stunde Null unseres Universums sehr viel Entropie vorhanden war und nur recht wenig Information. Nun hat unser Universum aus einer Gaswolke, über viele Milliarden von Jahren, jedoch evolutionär eine für uns kaum überschaubare Menge von sehr komplexen Systemen hervorgebracht, die nur durch eine ungeheure Menge von Informationen sich annähernd im Gleichgewicht halten können.

Auch dürfte es wohl recht einleuchtend, das ein primitiver Einzeller viel weniger interner und externer Informationen bedarf, als beispielsweise ein evolutionär hoch entwickelter Warmblüter. Weniger interne Informationen um seinen Körperhaushalt im Gleichgewicht zu halten, da bei einem Einzeller im Gegensatz zu einem hoch entwickelten Säuger nicht viele Organe im Zusammenspiel aufeinander abgestimmt werden müssen und externer Informationen, um sich sicher in und durch seine Umwelt zu bewegen, um zu kommunizieren und sich fortzupflanzen.

Betrachten wir uns noch ein anderes Beispiel. Im Altertum war die Bibliothek von Alexandria wohl eines der größten Informationsquellen. Auf Papyrusrollen waren Informationen von mehr als 700.000 Bänden gespeichert, somit eine Informationsquelle von unschätzbarem Wert für die damalige Zeit. Bei einem Brand wurde ein großer Teil dieser Papyrusrollen vernichtet. Die Menge dieser Informationen scheint für immer verloren, wurde durch die Flammen in Entropie verwandelt. Doch hat die Masse der Information wirklich abgenommen?

Antwort: Nein, zumindest nicht gänzlich. Die Menge oder Masse der Information hat sich nur in der Aussage geändert. Jetzt steht dafür die Aussage des Großbrandes. Je mehr wertvolle Schriftstücke vernichtet wurden, um so größer ist die Information über diese Tragödie geworden. Je mehr Bücher oder Papyrusrollen vernichtet wurden und die darin enthaltenen Informationen sich wandelten, je länger und öfter wird davon die Rede sein.

Ein weiteres Beispiel hierzu. Eine Festplatte vom PC kann mit Informationen zugemüllt werden. Stürzt er ab, so erinnern wir uns um so länger daran, je mehr Daten auf dieser gespeichert waren, die unwiderruflich verloren sind. Die Menge und Dichte der Information ist geblieben, nur ihre Aussage hat sich geändert. Die Abgespeicherten Informationen haben wir verloren, doch die daraus entstandene Erinnerung des Absturzes wird uns als Information noch längere Zeit begleiten.

Ob Bibliotheksbrand oder PC-Absturz, genau genommen hat sich nicht einfach nur die Masse der Information gewandelt, sondern viele ältere Informationen sind in die Entropie übergangen, doch ein Teil dieser Entropie wurde in eine neue Information, mit einer neuen Aussage verwandelt.

Doch wie verträgt sich diese Aussage mit der Definition von Zeit, die wir weiter vorn trafen und nach der die Zeit eigentlich nicht mehr ist als eine messbare Dimension für das Wachsen von Information aus der Entropie? Wir also die Dynamik dieses Prozesses als Zeit empfinden und da dieser Prozess vom Einfacheren zum Komplizierteren und höher Entwickelten verläuft, wir auch die Dynamik aus diesen Prozess als vorwärtsgerichtet und vorwärtslaufend empfinden. Müssten wir die Zeit bei Katastrophen , die ja eine Umkehrung dieses Prozesses bedeuten, nicht auch als rückwärtslaufend empfinden? Wenn der Übergang von Entropie in Information uns die Zeit als vorwärtslaufend erscheinen lässt, müsste nicht dann bei einer Katastrophe, also beim Übergang der Information ins Chaos die Zeit rückwärtslaufend wahrnehmbar sein?

Ja und nein! Alle biologischen-, physikalischen- und chemischen Prozesse um diesen Ort herum, also auch die in unserem Körper ablaufenden, laufen ja weiterhin vorwärtsgerichtet. Nur für den einzelnen und am stärksten Betroffenen kann sich die Zeitwahrnehmung deutlich verlagern. Jeder der einmal selbst von sehr schweren Katastrophen betroffen war wird es wissen – für alle anderen läuft die Zeit normal weiter, nur für einen selbst nicht mehr, da scheint sie still zu stehen und eine Zukunft ist nicht mehr zu erkennen.

Zusammenfassung als Merksatz, auch wenn aus einem Merksatz hier mehre wurden:

Ohne Information entsteht Chaos = Entropie.
Je mehr Information vorhanden ist, um so weniger Entropie ist vorzufinden.
Jede evolutionäre Entwicklung ist ausgerichtet vom einfachsten Chaos beginnend, um immer komplexere Strukturen hervorzubringen, die immer mehr an Informationen benötigen, um im inneren und äußeren Gleichgewicht existieren zu können. Evolution ist somit auch ein Prozess, der Entropie in Information umwandelt. Die Dynamik dieses evolutionären Prozesses, der Entropie in Information umwandelt, nehmen wir als Zeit bzw. zeitlichen Ablauf war. Diese Dynamik dieses Prozesses ist das eigentliche Wesen der Zeit.
Zeit ist somit nichts anderes als eine dimensionale Größeneinheit für diesen Prozess, wobei Richtung und Verlauf durch den Prozess der Umwandlung bestimmt werden..
Bei der Umwandlung von Information in Entropie, kann aus der Entropie eine neue Information mit gleicher Wichte gebildet werden, die allerdings nur die Aussage über den Umwandlungsprozess enthält (Wie in unseren Beispielen vom Bibliotheksbrand oder eines PC-Absturzes).

Eine Theorie – unsere Theorie

Was wäre unser kleines Büchlein, wollten wir nicht auch eine eigene bescheidene Theorie entwickeln, auch wenn am Ende ihr Wert nur darin liegen sollte, das sich der eine oder andere Leser mit ihr auseinandersetzt.

Unsere Theorie

Informationen können uns schon vor dem Ort des Geschehens und vor der Zeit des Ereignisses erreichen, da sie bereits als auslösende Informationen für dieses Ereignis existent sind.

Unsere Hirnwellen liegen im Niederfrequenzbereich, während die Biophotonenstrahlung unserer Hirnzellen im Teraherzwellenbereich arbeitet, der sich mit dem Wellenbereich des Sonnenlichtes deckt. Eine gegenseitige Beeinflussung und Modulation von Hirnwellen und Biophotonenstrahlung ist somit nicht nur möglich, sondern höchstwahrscheinlich. Bei einer Resonanz von Hirnwellen – Biophotonen – körpereigener Infrarotstrahlung oder Tageslichtstrahlung ist eine Informationsübertragung über kürzere bis mittlere Distanz möglich. Weiterhin ist davon auszugehen, das die von uns durch Modulation an Lichtstrahlung abgegebene Information bei einer nachfolgenden Adsorption nicht verloren gehen, sondern in der absorbierenden Materie erhalten bleiben und von dort auch wieder abgerufen werden können. Die Abrufung kann durch Fluoreszenz, sowie in Wellenform geschehen. Trifft eine natürliche Strahlung auf dieses Material, so würde sie in Form der gespeicherten Information moduliert werden und die Daten wären wieder für unser Unterbewusstsein verwertbar.

Da nicht alle Materialien gleich gut für diesen Speichervorgang geeignet sind, treffen wir einmal auf eine hohe Speicherdichte, einmal auf eine verschwindend geringe. Daraus ergibt sich keine Priorität für Ereignisse, sondern eine Priorität für Speichermöglichkeiten und Materialien.

In Traumphasen werten wir alle bewusst und unbewusst gesammelten Informationen durch Filterung aus. Mit ihrer Hilfe entwickeln wir assoziierte Traumbilder und auch Prognosen für zukünftiges Geschehen.

Einige Nachbemerkungen.

Ganz sicher ist und bleibt die ganz große Frage offen, ob wir den tatsächlichen Vorgängen auch nur entfernt näher gekommen sind. Dies zu beantworten bleibt der Zukunft vorbehalten. Mit diesen kleinen Büchlein sollte erst einmal nur der Beweis dafür erbracht werden, das die Schulwissenschaft und bisher nicht eindeutig erklärbare paranormale Fähigkeiten, nicht unbedingt zwei paar Schuhe sind. Möchte man das Eine langfristig erforschen, so wird man es nicht können, in dem man das Andere verneint.

Sicher bin ich mir auch darin, selbst wenn diese Theorie etwas an sich hat, alles ist damit auch nicht geklärt. Selbst wenn eine Vielzahl von Informationen im Vorfeld der Ereignisse bereits existent sind, so wären diese mit unter in so einer chaotischen Megamenge von Variationsmöglichkeiten vorhanden, das ja doch noch alles ganz anders ablaufen könnte. Zumindest nicht so klare Bilder von Räumlichkeiten, wie ich es einmal im Traum erlebte, von einem Raum in dem ich zuvor niemals war.
Ob es eventuell in dem Ablauf der Zeit doch ab und an mal stolpert, wir dieses nur bewusst weder wahrnehmen noch messen können, nur im Traum darauf Hinweise erhalten, steht auf einem anderen Blatt. Möglich ist ja auch, das in den Theorien einiger Rechenkünstler doch etwas Wahrheit enthalten sein könnte und es in anderen Dimensionen eine Parallelwelt gibt, zu der unser Unterbewusstsein ab und an ein Fenster öffnet.
Bei diesem Gedanken werde ich an die geschilderten Erlebnisse eines Bekannten erinnert. Er nahm bewusstseinerweiternde Drogen, im Vergleich zu anderen Jugendlichen kannte er sich wohl mit diesem Zeug besser aus. Er hatte zuvor auch Bücher über Schamanismus gelesen und sich mit der Sache vertraut gemacht. Nach seinen Erlebnissen wüssten die Ärzte teilweise überhaupt nicht wovon sie reden, wenn sie alles nur mit Halluzinationen abtun würden. Es gebe Halluzinationen und es gebe Bewusstseinserweiterung, zwei völlig unterschiedliche Dinge, nach seiner Meinung zumindest. Bei der Bewusstseinerweiterung sieht man auch die Dinge, die im Normalfall nicht zu sehen sind, weil sie mit der Zeit nicht im Gleichlauf stehen. Am deutlichsten wäre dieser Unterschied im Vergleich von Neu- und Altbauten zu erkennen. Im

Neubauten der Plattenbausiedlungen hätte er noch nie Erscheinungen und Visionen gehabt, in Altbauten um so mehr.

Nun kann ich mir etwas besseres vorstellen, als dieses Zeug einmal selbst auszuprobieren und möchte auch jeden Leser davor warnen. Wer nicht wirklich Experte ist, der sollte die Finger davon lassen. Der geistige Schaden könnte größer als der Nutzen durch Bewusstseinserweiterung sein.

Möglicherweise ist ja in Altbauten einfach nur mehr an Informationen gespeichert? Darauf eine Antwort zu finden wird uns hier nicht mehr gelingen.

Doch vielleicht habe ich jetzt den einen oder anderen Leser auch ermuntert, selbst über sich und seine eigenen Fähigkeiten einige Gedanken zu machen.

Im nächsten Teil dieses Buches werden wir uns den Sinn des Lebens etwas näher zuwenden. Eine wesentliche Verbindung zwischen diesen und dem nächsten Thema möchte ich hier noch anschneiden.

Auch hierbei soll uns ein Vergleich helfen. Bisher ist es ja bei Wetterprognosen oft noch so, das diese bereits nach 24 Stunden völlig überholt sind. Doch gehen wir davon aus, das in den nächsten Jahren die technischen Verfahren so vervollkommnet werden, das Prognosen bis zu 5 Tage Vorhersagezeit, bei einer Wahrscheinlichkeit von bis zu 90 % erreicht wird. Was würde dieses bedeuten? Das über einen Zeitraum von 3 Tagen die Wahrscheinlichkeitsrate bei annähernd 100 % liegen würde (Und bevor es wieder heftige Kritiken gibt, besonders dynamische Witterungsverläufe, die kaum berechenbar sind, schließen wir bei unseren Überlegungen aus).

Doch mit anderen Worten, eine Wahrscheinlichkeitsrate von 100 % bedeutet letztendlich nichts anderes, das zukünftiges Geschehen zu 100 % bereits vorherbestimmt ist und sich an der Endsituation innerhalb des Vorhersagezeitraumes nichts mehr ändern wird.

Und was bedeutet es für unsere Träume? Das ein Ereignis, welches wir im Traum als Vorabinformation wahrnehmen, auch unausweichlich eintreten würde? Wenn ja, so würde dies ja auch bedeuten, egal wie wir uns verhalten, denken, handeln und entscheiden, das Ergebnis wäre das selbige in jeden Fall. Wozu dann überhaupt noch Gedanken über etwas verlieren, da ohnehin schon alles feststeht?

Wäre dies jetzt eine Erkenntnis, so würde sie uns zu geistiger

Passivität verleiten. Seelischen Erkrankungen wären als Folge unausweichlich. Doch dies kann niemals auf der Grundlage eines natürlichen Gesetzes beruhen. Ist es nicht gerade die Fähigkeit des bewussten Denkens und Handelns auf der Grundlage unserer Gedanken, welche uns auf die höchste, bisher erreichte Stufe in der Evolution stellte? Hätten wir im Laufe der Evolution diese Stufe erreicht, wenn es überflüssig wäre sich Gedanken zu machen, da ja ohnehin alles so kommt, wie wir es im Traum sahen?

Oder ist es nicht doch eher so, das wir im Traum innerhalb von 10 Jahren 3650 mal Prognosen bilden, von den nur 2 scheinbar unausweichlich in Erfüllung gehen, weil wir in 3648 Fällen ganz bewusst noch andere Endscheidungen trafen? Wir also 3648 mal durch die Kraft unserer Gedanken auf unsere Zukunft und kommende Ereignisse Einfluss nahmen?

Noch einmal zum Beispiel des Wetters, selbst wenn es in einigen Jahren so sein sollte, das es annähernd zu 100 % vorhersagbar und dadurch feststehend unabdingbar zu sein scheint, was da auch immer für ein Wetter auf uns zu kommen mag. Dennoch können wir darauf Einfluss nehmen, brauchen uns nicht damit abfinden, das großflächige Ernteverluste entstehen und uns dem vermeintlichen Schicksal zu ergeben und zu erliegen. Im kleinen Privatbereich können wir schützend vorsorgen, man denke nur an einen Regenschirm. Und in großen Bereichen? Schon seit der Mitte des letzten Jahrhunderts experimentiert man mit Silberjodid, einen gelblichen Salz. Die Oberflächenstruktur dieses Salzes erinnert an Graupel, wirkt in den Wolken auch als eisähnliche Kristallisationskeime. Ist die Menge von natürlichen, oder zuzüglich künstlicher Kristallisationskeimc groß genug, so regnen die Wolken ab. Impft man nun Unwetterwolken mittels Raketen oder Flugzeuge rechtzeitig mit diesem Silberjodid, so können diese Abregnen, bevor es zu großflächigen Katastrophen durch Hagelschlag kommt.

Was nichts anderes bedeutet, das Erkennen und die Auswertung der Information ermöglicht uns Einfluss zunehmen. Wir können nicht das Ereignis verhindern, von dem alle Informationen schon Tage vorher vorhanden waren, doch wir können Einfluss auf die Auswirkungen des Ereignisses nehmen, wie mit Regenschirm oder Silberjodid.

Gehen wir davon aus, das Vorabinformationen in unseren Träumen zu 99,9 % nur eine Hochrechnung und Prognose auf zukünftige Ereignisse sind, die wir jedoch durch unser bewusstes Denken und Handeln beeinflussen und in eine andere Richtung lenken können, so werden wir vermutlich ziemlich richtig liegen. Es würde jedoch auch bedeuten, das 0,1 % der Ereignisse unausweichlich so kommen wird. Vielleicht will uns ja gerade in diesen Fällen unser Unterbewusstsein auf derartige unausweichliche Ereignisse vorbereiten, das wir sie gefasster ertragen können. Denn würden wir in diesen Fällen auf unser Unterbewusstsein hören, so würden diese Ereignisse nicht mehr völlig unerwartet auf uns einstürzen und wir könnten bereits im Voraus nach Strategien suchen, um mit dieser kommenden Situation besser umgehen zu können. Gerade hierin würde ja die große Zweckmäßigkeit liegen und es sich von selbst erklären, das wir im Laufe der Evolution diese zweckmäßige Fähigkeit erwarben.

Gehen wir noch einen Schritt weiter. Haben wir nicht erst durch die Fähigkeit des bewussten Denkens und durch dem unbewussten Erkennen von unausweichlichen Ereignissen unsere hohe Blüte erreicht? Eine Frage, die wir sicherlich bejahen können.

UNSER LEBEN

Wir sind gleichzeitig Zuschauer und Schauspieler im
großen Drama des Seins.

– Niehls Bohr – dän. Physiker – 1885/1962–

Verschwendete Zeit ist Dasein, nutzbringend
verbrachte Zeit ist Leben.

– Edward Young – engl. Dichter – 1683/1765 –

Wir über uns

Der Mensch, was ist er? Krone der Schöpfung oder nur ein höher entwickeltes Lebewesen, mit der Fähigkeit, sein Handel zu überdenken? Dabei leider nur unwissend darüber, das sein ganzes Handeln doch nur auf Überreste tierischer Instinkte beruht und fußt, die aus grauer Vorzeit stammen? Was macht er mit seinen Fähigkeiten? Einige unter uns sind stets und ständig bemüht, diese vollends zu entfalten, die Mehrheit benutzt diese nur um im Leben so einigermaßen über die Runden zu kommen. Wenige schöpfen nicht mal annähernd ihr Potential aus, lassen sich fallen. Alle haben jedoch eines gemeinsam, egal ob der Einzelne viel oder wenig macht, jeder nutzt die Fähigkeiten des Denkens auch dazu, sein eigenes Verhalten gegenüber sich und seiner Umwelt zu rechtfertigen.
Wie nutzt Du sie?

Ein Vergleich

Um unser bewusstes und auch unbewusstes Tun, Handeln und Denken selbst voll verstehen zu können, müssen wir uns erst einmal klar darüber sein, woher die eigentlichen Ursachen und ureigensten Beweggründe für unser ganzes Verhalten stammen.
Kurz zusammengefasst, vieles ist als Verhaltenschema angeboren, anderes hingegen haben wir im Laufe unseres Lebens seit dem ersten Tag, an dem wir das Licht der Welt erblickten, von unserer Umwelt und den Personen aus unserer Umwelt gelernt.
Ein recht grober Vergleich soll uns erst einmal einen kleinen Überblick verschaffen, der uns helfen soll zu erkennen, das wir uns noch gar nicht so sehr weit in unserem Verhalten vom Tierreich entfernt haben. Es ist wirklich nur ein sehr grober Vergleich, in der Realität ist die Abstufung sehr viel differenzierter und abhängig von der Höhe der Entwicklungsstufe der betreffenden Spezies, die wir zum Vergleich heranziehen. In vielen Fällen sind auch fließende Übergänge vorhanden, so das eine direkte Trennung kaum möglich ist. Als Beispiel möchte ich hier nur anführen, das ein Schimpanse cirka den IQ eines dreijährigen Kindes besitzt.

- Unser Vergleich in Stichpunkten -

Ein Vergleich	
Tier	**Mensch**
Ein Tier nimmt Nahrung zu sich	- der Mensch auch
Ein Tier nimmt Nahrung zu sich	- der Mensch auch
Ein Tier paart sich	- der Mensch auch
Ein Tier zeugt Nachwuchs	- der Mensch auch
Viele Tiere betreuen ihren Nachwuchs	- der Mensch auch *(in der Regel)*
Viele Tiere bauen sich ein Heim	- der Mensch auch
Viele Tiere legen sich einen Vorrat an *(in Naturalien)*	- der Mensch auch *(finanziell)*
Viele Tiere *(höher entwickelte)* besitzen psychische Gefühle	- der Mensch auch
Bis hier her gibt es kaum nennenswerte Unterschiede, nur das ein Tier nicht so maßlos bei allen ausufert und übertreibt, wie es einige Menschen tun. Auch ein Tier nicht zwischen „Gut" und „Böse" unterscheiden kann.	
Tiere kommunizieren miteinander	- der Mensch etwas mehr und in höher entwickelter Form.
Viele Tiere können Hilfsmittel benutzen, jedoch nicht anfertigen	- der Mensch kann es, in höchst entwickelter Form und zu Missbrauch leicht bereit.
Tiere können sich keinen Sinn im Leben suchen	- der Mensch schon. Anmerkung: Doch wie viele Menschen suchen sich einen erstrebenswerten Sinn im Leben?

Wie sehr unser Tun, Handeln und Denken noch auf die Überreste tierische Instinkte fußt, andere Verhaltensweisen von uns in der Steinzeit als Jäger und Sammler erworben wurden und noch heute in

74

uns vorhanden sind, lässt sich am einfachsten an Beispielen verdeutlichen.

Ein Beispiel, das unter „Morphische Felder" ausführlicher beschrieben wird, hier in Kurzform.

Oft an gemütlichen, stimmungsvollen Abenden fühlen wir uns erst so richtig wohl und geborgen, wenn in einen Kamin das Feuer knistert oder Kerzenschein eine lauschige Atmosphäre beschert.

Warum fühlen wir uns wohl vor einen Kamin oder bei Kerzenschein? Das Feuer schützt uns nicht mehr vor Wilden Tieren wie in der Steinzeit, Beleuchtung und Heizung haben wir bessere Möglichkeiten um die Nacht zu erhellen und unsere Speisen können wir leichter als über offenen Feuer zubereiten. Es sind die in uns schlummernden Instinkte aus grauer Vorzeit, die tief in unseren Innern noch vorhanden sind. Denn einst konnten wir erst in den Abendstunden entspannen und gesellig vereint einen Plausch halten, wenn das Lagerfeuer brannte, das unsere Speisen garte, uns Schutz vor wilden Raubtieren bot, uns die Nacht erhellte und uns Wärme schenkte. Doch all diese guten Eigenschaften des Feuers, die der Mensch zu schätzen lernte, sind in unseren Unterbewusstsein noch als Erfahrungen und vererbte Instinkte abgespeichert. Wir denken nicht bewusst daran, bringen unsere Gedanken nicht einmal damit in Verbindung, wenn wir vor einem Kamin sitzen und dennoch kommen diese unbewussten Instinkte in unseren Gefühlen zum Ausdruck. Diese Gefühle sagen uns, „jetzt kannst Du abschalten und brauchst keine Angst mehr zu haben, weder vor Kälte noch vor Raubtieren, das Feuer brennt ja".

Einige weitere Beispiele als Gegenüberstellung. Sehr vielen Tieren ist eines gemeinsam, sie besetzen Reviere, einige nur zu Brut- oder Paarungszeit, andere ganzjährig. Diese verteidigen sie gegenüber Artgenossen. Anfänglich nur mit Drohgebärden, erst wenn der Gegner nicht weicht, so auch mit körperlichen Attacken. Und der Mensch? Verhält er sich anders, wenn ein ungebetener Artgenosse ihm besucht?

Nein, auch er droht erst einmal verbal mit Gesten und Gebärden. Erst wenn der ungebetene Störenfried daraufhin noch nicht weichen will, so wird er handgreiflich oder greift gar zur Waffe. Doch niemanden wird in dieser Situation bewusst, das sein Handeln noch auf Instinkte und angeborenen Verhaltenmuster aus dem Tierreich stammt.

Schlimmer noch, er schafft sich Gesetze, die ebenfalls auf diesem tierischen Verhaltenmuster beruhen. Wie eben in dieser Beziehung ein Gesetz über Hausfriedensbruch.

Zu guter Letzt noch ein Beispiel, das wohl jeden bekannt sein dürfte. Bei viele Singvogelarten werben die Männchen mit kleinen Geschenken, ob eine leckere Raupe oder ein Zweiglein fürs zukünftige Nest. Bei den Menschen tun es auch Rosen und Brillanten. Das instinktive Verhalten ist bei Vogelweibchen und Menschenweibchen gleich. Vögel Schnäbeln, Schimpansen begrüßen sich durch Berührung der Lippen und der Mensch? Wie weit ist er davon entfernt?

Sinn des Lebens

Wie viele Menschen auf dieser Welt suchen nach dem Sinn des Lebens, doch gibt es diesen? Dazu müsste es eine höhere Macht geben, die uns Menschen ins Leben setze, damit wir eine vor uns liegende Aufgabe zu erledigen hätten. Doch gibt es diese höhere Macht, diese Gottheit und diese Aufgabe, für die wir auf dieser Welt sind?

Wenn nun alles aus der Fülle der Evolution entstanden ist, unsere Entwicklung nicht vorher bestimmt war, die Menschwerdung nur eine Folge der natürlichen Auslese, was dann? Dann hätte sich eine Spezies, ähnlich der unserigen, sich auch aus Beutlern entwickeln können, die irgendwann im Werdegang der Erdgeschichte unseren Platz eingenommen hätte und die zum Transport ihres Nachwuchses keinen Kinderwagen brauchten. Somit ergibt es auch keinen Sinn, das gerade wir leben, das gerade unser Dasein einen Sinn hat? Und es würde uns nie gelingen, einen Sinn des Lebens zu finden und zu deuten. Wir wären ersetzlich, wie die Saurier, die durch die Säugetiere ersetzt wurden.

Nun kann man sich übernatürliche Mächte suchen, kann einen Glauben entwickeln, um unser Dasein zu rechtfertigen. Auch um im Zweifel und Schmerz nicht zu verzagen, denn wohl jeder Mensch braucht etwas im Leben, an das er glaubt. Schwächere Menschen mehr, stärkere glauben mehr an sich selber und an ihre eigenen Kräfte. Wobei das eine das andere nicht auszuschließen muss. Unabhängig davon, ob Evolution und Zufall oder höhere Aufgabe der Menschheit, eins ist ganz gewiss, unsere Generation wird dies nicht mehr klären können. Ein Mensch, der nach dem Sinn des Lebens sucht, wird wohl bis ins Alter danach suchen und noch keinen gefunden haben, denn unseren Planeten würde es ohne uns auch besser ergehen. Was der Mensch aber kann, statt nach dem Sinn des Lebens zu suchen, sich einen Sinn suchen in seinen Leben. Eine Lebensaufgabe, die er sich stellt, dann wird er ein erfülltes Leben haben.

Und was machst Du? Was machst Du, um Deinen Leben einen Sinn zu geben?

Nun für alle die hier und jetzt resignieren möchten, es gibt einige Anhaltspunkte und Fakten auch aus rein schulwissenschaftlicher Sicht, die einen Sinn belegen. Bei diesen Fakten handelt es sich gerade um die Grundbausteine der Wissenschaft und ohne diese, teilweise unumstößlichen Fakten würde die Wissenschaft sich ihrer eigenen Grundlage beraubt sehen.

Um dies besser verstehen zu können, müssen wir erst einmal in die Vergangenheit reisen. Nach unserem heutigen Wissenstand ist unser Universum vor circa 12 bis 15 Milliarden Jahren aus dem Urknall entstanden. Eine riesige, heiße Gaswolke bildete sich, aus der sich mit der Zeit und bei fortschreitender Abkühlung Sterne und Planeten bildeten. Die chemisch-physikalischen Verbindungen wurden immer mannigfaltiger. Angefangen von der gasförmigen Ursuppe, über anorganischer Materie, bis letztendlich zu organischen Verbindungen, welche ja als Grundbausteine für das uns bekannte Leben schlechthin anzusehen sind. All dies lässt sich berechnen, zumindest versuchen es hochspezialisierte Wissenschaftler, mit mathematischen, physikalischen und chemischen Formeln. Alle diese Berechnungen liegen natürliche Gesetzmäßigkeiten und Theorien zu Grunde.

Gerade hier liegt schon der erste Widerspruch in sich begründet, für Wissenschaftler die behaupten, es gebe in allen keinen Sinn des Lebens. Warum sollte ein Kind in der Schule noch mathematische, physikalische und chemische Gesetze, Formeln, Theorien und Berechnungen lernen, wenn diese nicht einen Sinn in sich tragen würden? Unterliegt unser Universum Naturgesetzen, so muss auch ein dazugehöriger Sinn vorhanden sein, denn ein Gesetz ohne einen darin enthaltenen Sinn wäre ein Widerspruch in sich selbst. Ebenfalls eine Theorie über die Entstehung unseres Universums oder unseres Sonnensysteme. Was ergebe eine Theorie ohne einen Sinn, der auf Naturgesetzen beruht? Eine sinnlose Theorie! Also muss ja seit Urbeginn ein Sinn in diesen Naturgesetzen, die zur Bildung unseres heutigen Universums führten, bestanden haben.

Wäre es nicht so, alles nur ein chaotischer Zufall, der keinen Gesetzmäßigkeiten zu Grunde liegt, so brauchten wir auch nicht nach diesen Naturgesetzen zu suchen, Theorien dazu bilden und versuchen beides zu berechnen.

Doch setzen wir unsere Reise in die Vergangenheit fort. In den Urozeanen bildeten sich die ersten Lebensformen aus organischer Materie. Das „Wie" liegt bis heute weitgehend im Dunkeln und soll uns hier nicht interessieren. Einige gängige Theorien hierzu sind einen anderen Abschnitt zu finden. Was uns mehr interessiert ist eher die Tatsache, das eine stetige Höherentwicklung vom primitivsten Einzeller bis zu hochentwickelten Lebensformen stattfand, bei welcher der Mensch zur Zeit den Abschluss der Pyramide bildet. Im Laufe dieser evolutionären Entwicklung gab es immer wieder große Rückschläge durch Massensterben und anderen erdgeschichtlichen Ereignissen. Das Sterben der Dinosaurier war ja nur ein Massensterben von mehren im Verlauf der frühesten Epochen unseres Planeten, wenn auch das bekannteste. Dennoch setzte sich dieser Höherentwicklung stetig fort.

Wie, wenn nicht diese Höherentwicklung auch auf Naturgesetzen beruhen würde, hier eben die Gesetzmäßigkeiten aus der Evolutionstheorie. Doch kein Naturgesetz ohne einen darin enthaltenen Sinn, aus dem sich dieses Gesetz ableiten und bilden lässt. Gebe es keinen Sinn, so könnten wir auch kein Naturgesetz daraus ableiten.

Das gerade auf unsere Erde die Bedingungen so sehr gut für die Entstehung von Leben geeignet waren und das sich gerade der Mensch zu einem geistigen Wesen entwickeln konnte, ist dabei eher der reine Zufall und für uns ein unwahrscheinlicher Glücksfall.

Dessen ungeachtet, wie hoch die Wahrscheinlichkeit ist, das auf weiteren Planeten die Ausgangsbedingungen so geeignet sind oder waren, das dort Leben entstehen und sich höher entwickeln könnte, das zu berechnen ist die Wissenschaft durchaus in der Lage. Wo sich nun etwas berechnen lässt, in unseren Fall die Wahrscheinlichkeit der Entstehung und Entwicklung von primitivsten Lebensformen zu höchstentwickelten Lebensformen mit Intelligenz irgendwo in unserem Universum, da müssen sich auch natürliche Gesetzmäßigkeiten in diesen Berechnungen verbergen. Und noch einmal, es würde weder natürliche Gesetzmäßigkeiten geben, noch eine darauf fußende Entstehung von Leben und höher Entwicklung, wenn kein Sinn in diesen Naturgesetzen liegen würde.

Das es gerade auf unserer Erde geschah und gerade wir als Spezies Mensch es waren, die sich zur höchst gereiften Lebensform entwickelten, war eher ein megariesengroßer Zufall und Glückstreffer dabei. Doch nun wurde uns dieses Glück zuteil, vermutlich durch Zufall und nicht weil ein höheres Wesen uns aussuchte, nun sollten wir auch diesen Sinn der Höherentwicklung und das gerade uns dieses Glück zuteil wurde erkennen und das Beste aus unseren Leben machen.

Wer wem für diesen Glücksfall dankt, ein gläubiger Mensch seinen Schöpfer oder ein Materialist den natürlichen Gesetzmäßigkeiten, das ist eher zweitrangig. Auch ist es zweitrangig, diesen Sinn aus den Naturgesetzen jemals in vollen Umfang verstehen zu wollen, das wird unserer Generation ohnehin nicht mehr gelingen. Doch zu erkennen das in unserem Leben sehr wohl ein Sinn liegt, es auf keinen Fall sinnlos ist, da ja natürliche Gesetzmäßigkeiten die Grundbasis bilden und dann sein Leben so sinnvoll wie nur möglich zu gestalten, das sollte sehr wichtig für jeden Einzelnen sein.

„Glückliches Leben"

Es gibt nicht Gutes, außer man tut es................ wer kennt ihn nicht diesen Spruch? .....Ist es damit getan? Einigen Vertreter des „Positiven Denkens" meinen, allein damit sei schon viel erreicht und wer danach lebt, der könnte fast alles im Leben erreichen. Doch ist es wirklich an dem? ....Es ist viel, doch nicht alles. Der Mensch lebt wie ein Tier in seiner Umwelt, sein Schicksal ist mit seiner Umwelt verbunden. Umwelt formt den Menschen......... auch ein viel zitierte Spruch, doch Umwelt formt nicht nur den Menschen. Beim Tier besteht die Umwelt aus seinen Artgenossen, seinen Fressfeinden, dem Biotop und Habitat, in dem es lebt. Beim Menschen ist es nicht anders, nur das er in keinen natürlichen Biotop mehr wohnt, sondern mehr und mehr in einen urbanen, das sein Habitat nicht mehr aus einen Wildwechsel, Schlafplatz oder Höhle besteht, sondern aus seiner Arbeitsstelle und seinen vier Wänden. Ohne Kontakt zu Artgenossen würde er vereinsamen, Depressionen währen die Folge. Und mit Feinden, die es weniger auf sein Essen, eher auf seinen Finanzen oder berufliche Stellung abgesehen haben, hat er es ständig zu tun. Unterschied, Tiere sind Naturgewalten ausgesetzt, Dürre oder Eis und Schnee können Hungersnot bedeuten. Beim Menschen nur in unterentwickelten Gebieten. In entwickelten Gebieten sind es eher Begriffe wie politische Verhältnisse, Massenarbeitslosigkeit oder Strukturschwäche, die negative Auswirkungen haben können. Das ganze „Positive Denken" nützt ihm unter schlechten wirtschaftlichen, wie politischen Verhältnissen wenig. Wer in einer Region mit hoher Arbeitslosenquote lebt, der hat andere Ausgangsvoraussetzungen als jemand, der in einer Region wohnt, in der ein Mangel an guten Arbeitskräften besteht. Also andere Voraussetzungen - gleich andere Erfolgaussichten, bei gleicher Motivation.

Aus dem Schlusssatz des letzten Abschnitts ergibt sich eine einfache Regel und Lebensweisheit für unser Leben. Sowohl für den privaten Bereich des einzelnen Individuums, als auch für den wirtschaftlichen, sozialen und politischen Bereich des Ganzen. Wenn eine hochrangige Politelite im ganzen unfähig oder ungewillt ist, mangels Verständnis dieser einfachen Lebensweisheit, positive Voraussetzungen (Rahmenbedingungen) als Motivationsschub des Einzelnen zu schaffen, so wird ein Volk in Massendepression enden. Beispiele für diese Massendepression sind bereits seit Jahren allgegenwärtig zu finden.
Einige Beispiele hierzu. Ein immer größer werdender Teil der Bevölkerung resigniert bereits ab den 40. Lebensjahr aufwärts, gerade im handwerklichen Bereich noch eine Arbeit zu finden. Als Folge setzt depressives Verhalten ein, in dem innerlich bereits mit dem Arbeitsleben abgeschlossen wird und nur die Jahre bis zur Rente gezählt werden. Mindestens jeder zweite Arbeitslose ab dem 40. Lebensjahr beantwortet die Frage, wie es nun in seinem Leben weitergehen wird damit, wie viel Jahre er noch bis zur Rente hat. Gespräche mit Lehren an allgemeinbildenden Schulen ergab, das Schüler in den neuen Bundesländern nur schwer zu besseren Leistungen motivierbar sind. Wozu einen guten Zensuren-Durchschnitt erreichen, wenn auch dadurch die Chancen auf eine

Lehrstelle kaum steigen würden.

Je größer die Arbeitslosenquote, um so höher der Anteil der Bevölkerung, die sich nach den alten DDR Zeiten zurücksehnen. Woher kommt dieses Zurücksehnen, wenn nicht aus Resignation und Depression über die jetzigen Verhältnisse und Rahmenbedingungen des Einzelnen und Ganzen. Würde es sich hier nur um wenige Einzelne handeln, so wären die Ursachen auch nur im privaten Umfeld des Einzelnen zu suchen. Doch sowie diese Resignation und Depression in Prozentanteilen der Bevölkerung gemessen werden kann, so müssen die politischen Zustände hinterfragt werden.

Also bleibt hier die Frage offen, erkennt die Mehrheit der führenden Politelite nicht den einfachen Zusammenhang zwischen Voraussetzungen - Erfolgsaussichten - Motivation.

Entstehung Leben

Wohl ein jeder von uns hat sich mindestens einmal im Leben die eine oder andere der folgenden Fragen gestellt. Woher kam das Leben auf unseren Planeten? Hat sich wirklich aus chaotischer Materieanhäufung irgendwann der erste primitivste Einzeller entwickelt? Ist dies überhaupt möglich und wie hoch ist die Wahrscheinlichkeit dafür? Oder ist hier doch ein höheres Wesen im Spiel gewesen? Ein Gott, der Adam und Eva erschuf?

Nun diese Fragen werden wir hier auch nicht eindeutig beantworten können. Nicht zuletzt auch deshalb, weil es von den ersten echten Einzellern so gut wie keine fossilen Funde gibt und von den Übergangsstadien bzw. Vorstadien zu diesen Einzellern schon gar nicht. Doch eines können wir, uns die gegenwärtigen, verschiedenen Theorien betrachten.

Reisen wir dazu in die Vergangenheit um cirka 3,8 Milliarden Jahre zurück. Dies ist etwa der Zeitpunkt nach der Meinung vieler Wissenschaftler, in dem auf der Erde sich das erste, primitivste Leben bildete.

Unsere damalige Atmosphäre und die herrschenden Umweltbedingungen kann man auf keinen Fall mit unseren heutigen Bedingungen vergleichen. So fehlte vermutlich der Sauerstoff noch gänzlich, dafür gab es Wasserdampf, Wasserstoff und Kohlenmonoxid ausreichend. Die Temperatur war noch wesentlich höher als heute, die UV-Strahlung konnte noch ungefiltert auf die Oberfläche einwirken, dazu ständig Blitze von gewittrigen Entladungen, ebenso eine hohe vulkanische Aktivität und häufige Meteoriteneinschläge. In Laborversuchen konnte nun mehrfach und zweifelsfrei nachgewiesen werden, das sich unter derartigen Bedingungen organische Molekühle bilden. Unter diesen organischen Verbindungen befanden sich auch Aminosäuren, ein Grundbaustein unsere heutigen Lebewesen.

Doch dann wird es verworren und die Theorien entgleisen in Spekulationen. Der Grund hierfür, Molekühle aus organischer Materie sind letztendlich noch sehr weit von primitivsten Lebensformen entfernt.

Nach heutiger Meinung der Mehrheit der Wissenschaftler ist das erste Leben in den Urozeanen entstanden.

Um den Schritt von organischen Molekühlen zu primitivsten Lebensformen zu schaffen, müssten sich die Molekühle zu Molekühlketten verbinden, eine Zellmembran bilden, ebenso Enzyme und eine Erbsubstanz. Doch schon bei der Bildung von Molekühlketten, sogenannten Polymeren, lag eine schier unüberbrückbare Hürde. Der Grund hierfür, vermutlich existierten weit weniger als ein Gramm organischer Molekühle je m³ Wasser. Viel zu wenig, um daraus auf spontane Verbindungen in großer Vielzahl schlussfolgern zu können. Wäre es hin und wieder zu diesen spontanen Verbindungen gekommen, so hätten diese sich auch wieder im Wasser durch Wellengang und Strömungen gelöst.

Leben aus dem All

Auf Grund dieser Erkenntnisse entwickelten sich nun mehrere Theorien. Die erste, die wir hier betrachten wollen besagt, das Leben kam aus dem All zu uns.

So gibt es eine Reihe von Wissenschaftlern, die vermuten das die ersten primitiven Lebensformen mit Meteoriten oder Kometen eingeschleppt wurden. Diese Theorie ist jedoch auch zugleich die unwahrscheinlichste, nicht zuletzt würde man mit dieser nur das Problem nach außen in weite Ferne verlagern, jedoch noch keine Lösung zur Entstehung des Lebens überhaupt finden. Aus besagten Grunde wollen wir uns hier auch nicht weiter mit ihr beschäftigen.

Erste Lebensformen in der Tiefsee?

Eines der erfolgsversprechenden Theorien besagt, das Leben ist in der Tiefsee entstanden.

Den Ausgangsgrund für diese Theorie lieferte in den achtziger Jahren die Entdeckung von „schwarzen Rauchern". Dabei handelt es sich um Schlote in der Nähe von auseinander driftenden Kontinentalplatten in den Ozeanen, die mineralhaltiges heißes Wasser aus dem Erdinneren entweichen lassen. Obwohl hier das Wasser bis 350 °C heiß ist und der Druck teilweise bis 300 bar erreicht, so fand man gerade hier Bakterien, die nur in dieser Umgebung gedeihen können.

Nach der Wächtershäusertheorie, benannt nach ihrem Begründer Günter Wächtershäuser, könnte die Bildung von Molekühlketten dann erfolgen, wenn sich die organischen Molekühle auf einer mineralischen Oberfläche ablagern und diese wie mit einen Biofilm überziehen. In Laborversuchen wurden nun durch hohe Drücke und Temperaturen die Tiefseebedingungen in der Nähe von schwarzen Rauchern nachgestellt. Dabei bildeten sich auf besagten Oberflächen Molekühlverbindungen, die entfernt an eine Zelle erinnerten, eine zellartige Membran besaßen und die durch knospenartige Erweiterungen sogar so etwas wie wachsen und sich vermehren konnten. Weiterhin besaßen sie eine Ähnlichkeit mit 3,8 Milliarden Jahre alten fossilen Funden.

Auch spricht für diese Theorie, das diese ersten Lebensformen in der

Tiefsee vor der UV-Strahlung, Blitzeinschlägen und selbst weitgehend vor Meteoriteneinschlag geschützt waren.

Ursprung des Lebens in Höhlen?

Auch diese Theorie wollen wir uns noch betrachten. Sie besagt, das die ersten Lebensformen in labyrinthisch verzweigten Röhrchen auf der Oberfläche von Felsen entstanden. Der mineralische Feldspat, der relativ häufig in Felsgestein eingelagert ist, würde dafür eine geeignete Grundlage bilden. Durch im Regen enthaltene Säuren der Uratmosphäre bilden sich kleinste, winzigste Poren, die in jeden Quadratmillimeter in so hoher Anzahl zu finden sind, das sie ein Röhrensystem bilden. Bakterien hätten genau die Größe dieser Poren, die den ersten Lebenskeimen Schutz geboten hätten. Die Wissenschaftler gehen davon aus, das sich in diesen Röhrchen organische Moleküle angesammelt hätten und die Bildung von Molekühlketten dadurch erleichtert war. Als Nahrung hätte ihnen vom Regenwasser ausgewaschene Mineralien dienen können und zur Entstehung einer ersten Zellwand hätte eine Art Verkleisterung des offenen Röhrenendes als folge von Austrocknung bei fehlenden Niederschlägen geführt.

Sicherlich, jede dieser Theorien hat einiges für sich und dennoch ist keine unumstritten. Wie könnte es auch anders sein, wenn man etwas aufhellen möchte, was über 3 Milliarden Jahre zurück liegt. Doch auch wenn noch sehr vieles im Dunklen liegt, so zeigen doch diese Theorien, Entdeckungen und Laborversuche auch eines auf, die Entstehung von Leben auf natürliche Weise ist wesentlich wahrscheinlicher als eine göttliche Schöpfung.
Dennoch, auch ein Großteil hochbegabte Wissenschaftler und Forscher in aller Welt behalten sich ihren Glauben. Darin liegt auch nichts widersprüchliches, solange dieser Glauben nicht eingezwängt in bestimmte Sichtweisen wird. Wer in Dimensionen von Milliarden Jahren denkt und forscht, der könnte sich ohne einen Glauben auch leicht in diesen kaum vorstellbaren Weiten verlieren.

UNTER DER LUPE

*Es gibt zwei Dinge, die unendlich sind. Der Weltraum
und die menschliche Dummheit. Beim Weltraum bin
ich mir aber noch nicht sicher.*

– Albert Einstein – 1879/1955–

*Das Leben eines Menschen ist gefärbt von der Farbe
seiner Vorstellungskraft.*

–röm. Kaiser – Mark Aurel –121/180–

Biophotonen

Kurze Einführung

Die kleinste Einheit des Lichtes sind Photonen, eine natürliche Einheit der Energie. Davon abgeleitet wird die Lichtstrahlung von Lebewesen mit Biophotonenstrahlung bezeichnet. Jede Körperzelle sendet Biophotonen aus, die Zellen kommunizieren durch diese ultraschwache Strahlung untereinander. Alles was lebt, ob Pflanze, Tier oder Mensch, strahlt Licht aus. Die Intensität der Strahlung entspricht etwa dem Schein eines Kerzenlichtes aus 20 km Entfernung.

Bereits um 1930 entdeckte Alexander Gurwitsch diese ultraschwache Lichtemission an lebenden Organismen. Wie so oft im Laufe der wissenschaftlichen Entwicklung, gerieten seine Entdeckungen und Erkenntnisse beinahe in Vergessenheit. Erst um 1970 begannen ernsthafte Forschungen, unter anderen in Deutschland durch Fritz-Albert Popp.

Popp fand heraus, das die Quellen dieser Biophotonenstrahlung in der DNA (DNA englisch., im Deutschen DNS) liegen und mit entsprechenden Resonatoren in den Zellen zusammenhängt, sowie zugeordneten Informationskanälen. Diese Strahlung koordiniere alle biochemischen Prozesse in den Zellen und übertrage Informationen auch zwischen den Zellen. Im Zellkern einer menschlichen oder tierischen Körperzelle befinden sich die Erbinformationen. Hier ist dann die Rede von Genen und Chromosomen, in denen diese Erbinformationen gespeichert sind. Die Chromosomen sind in Doppelsträngen von DNA um Proteine (Eiweiße) spiralförmig gewunden. Auf diesen DNA-Fäden ist dann die genetische Erbinformation gespeichert. Die DNA hat ein milliardenfach höheres Speichervermögen als modernste Datenspeicheranlagen.

Da man in Japan immer etwas schneller in Sachen Business und Entwicklung neuer Verfahren ist, so verwundert es auch nicht, das vom japanischen Landwirtschaftsministerium bereits seit längeren Verfahren auf der Grundlage dieser Biophotonenstrahlung (Biophotonik) eingesetzt werden. Unter anderem zur Qualitäts-Analyse landwirtschaftlicher Erzeugnisse.

Das die Sonne unser wichtigster Energielieferant ist, ohne der weder pflanzliches-, noch tierisches-, noch menschliches Leben möglich ist, das wussten schon unsere Urahnen vor tausenden von Jahren. Wie groß jedoch ihre Rolle bei körperinternen Funktionen und der körpereigenen Informationsübertragung ist, um uns auch dort mit dem Nötigsten, wie den Biophotonen zu versorgen, das lag zum Teil bis in die wissenschaftliche Neuzeit hinein noch im Dunklen.

Andere Länder ziehen jetzt nach. Diese Qualitätsmessung beruht auf den einfachen Zusammenhang, je mehr Sonnenlicht eine Pflanze in der Wachstumsphase aufnahm, umso mehr können ihre Zellen auch wieder ausstrahlen. Je mehr und gleichmäßiger ihre Zellen strahlen, je gesünder ist sie. Eine Pflanze mit einem hohen Anteil bereits abgestorbener Zellen strahlt weniger, da tote Zellen nun einmal kein Licht mehr aussenden können.

Aufnahme von Biophotonen

Sonnenstrahlung wird über Augen und Hautpigmenten als Sonnen-Photonen aufgenommen und in den Zellen zu Biophotonen umgewandelt.

Eine weitere Aufnahme erfolgt vermutlich beim Verzehr von pflanzlichen Produkten, die in der Wachstumsphase viel Licht absorbierten und in den Zellen als Photonen speicherten.

Der Mensch und Biophotonen

Immer mehr setzte sich in den letzten Jahren die Erkenntnis durch, das Biophotonen die eigentlichen Informationsträger in unserem Körper sind, die mit Lichtgeschwindigkeit Informationen von Zelle zu Zelle weitergeben. Somit auch einen direkten Einfluss auf alle Regulationsprozesse unseres Körpers besitzen. Auch beim Menschen kann dieses Leuchten der Zellen gemessen werden und aus der Intensität der Biophotonenstrahlung Rückschlüsse auf sein Allgemeinbefinden gezogen werden. So wurde bei an Krebs erkrankten Menschen sehr viel höhere Lichtwerte als bei Gesunden gemessen.

Fragen

Ob in der Mythologie oder umgangssprachlich in unserem allgemeinen Wortschatz verwurzelt, überall begegnen uns Redewendungen wie Lichtwesen, zur inneren Erleuchtung finden, sein Lebenslicht ist erloschen, ihm ist ein Licht aufgegangen.

Erahnten unsere Vorfahren die Bedeutung des Lichtes in uns?

Wenn die Informationen in belebten Körpern durch Licht übertragen werden und messbar sind, können wir diese ultraschwache Strahlung auch mit unseren Sinnen unbewusst wahrnehmen? Existieren hier vielleicht noch Sinne und Instinkte in Lebewesen und auch in uns, über die wir uns bislang nur nicht bewusst sind? Sinne und Instinkte, die fähig sind Biophotonenstrahlung aufzunehmen und auszuwerten? Wenn ja, lassen sich so auch Gedanken und Gefühle übertragen?

Morphische Felder

Ein kleiner Überblick

Bei seiner Forschungstätigkeit zur Evolution von Pflanzen sah Rupert Sheldrake sich mit der Frage konfrontiert, wie durch einfache Zellteilung komplexe Gebilde mit bestimmten Aufgabenbereichen und Strukturen entstehen.

Während die Schulwissenschaft davon ausgeht, das die Endformen einer Pflanze, Tieres oder des Menschen als genetisches Erbgut in vollen Umfang mit vererbt wird, so teilt Sheldrake diese Auffassung nicht. Alle Zellen eines Körpers würden die gleichen Gene enthalten, dennoch würde sich ein Teil von ihnen zum Arm und ein anderer Teil zum Bein entwickeln. Blätter an Pflanzen erhalten ihre einzigartigen, für die einzelnen Arten charakteristischen Formen, Farben und Merkmale und vieles mehr, alles aus einen Keim, der in seinen Zellen die gleichen Gene enthält.

Sheldrake geht von morphogenetischen Felder aus, die wie ein unsichtbarer Bauplan vorhanden wären, nur nachweisen lassen sie sich halt nicht. Diese Felder würden sich weiterentwickeln, hätten eine Geschichte und ein Gedächtnis. Diese morphogenetischen Felder wären nun wiederum Teil eines größeren Ganzen, den morphischen Feldern. Diese morphischen Felder würden uns ständig umgeben, würden unser kollektives Unterbewusstsein enthalten, würden jedem Ganzen seine charakteristischen Fähigkeiten verleihen und auch Dinge wie Gedankenübertragung würden sich durch diese Felder recht leicht erklären lassen.

Dagegen sprechen einfache Überlegungen. Nehmen wir uns eine schwangere, alleinstehende Frau. Der werdende Vater, ein Ausländer (nur wegen der Entfernung), hat sich nach der einzigen gemeinsam verbrachten Nacht aus dem Staube gemacht und wohnt jetzt über tausend Kilometer entfernt. Nach einigen Jahre wird es immer deutlicher, das Kind ähnelt sehr dem Vater. Diese Ähnlichkeit spricht mehr für Vererbung durch Gene des Vaters, als für einen Bauplan, der in den uns umgebenen morphischen Feldern enthalten sein soll. Noch deutlicher wird dies, wenn es sich um einen Zeugungsakt infolge künstlicher Befruchtung durch Erbgut eines völlig anonymen Samenspenders handelt. Auch da formt das heranwachsende Kind zur Hälfte (etwas mehr oder weniger zumindest) die Merkmale seines unbekannten Erzeugers aus, weil alle Informationen ihn in einer einzigen Samenzelle als Gene mit gegeben wurden. Diese Beispiele könnten wir noch beliebig weiter fortsetzen. Nehmen wir nur die mannigfaltigen Züchtungsvarianten bekannter Haustierarten.

Gerade bei den gezüchteten Haustierrassen wird doch eines sehr deutlich. In dem der Mensch bewussten Einfluss auf die vererbbaren Gene nimmt und diese bewusst selektiert, wird das Wesen und im noch höheren Maß das äußere Erscheinungsbild der betreffenden Rasse stark beeinflusst.

Würde es sich hier nicht um die Variabilität von Genen handeln, sondern um einen unsichtbaren Bauplan, der in uns umgebenden morphischen Feldern für die gesteuerte Entwicklung allen Heranwachsendes verantwortlich ist, so könnten wir auch nicht Hochleistungsrinder nur durch die Auswahl eingefrorene Samen züchten.

In wieweit diese Züchtungen überhaupt moralisch vertretbar sind, wenn aus einem Wolf als Beispiel ein kurzatmiges, ständig frierendes, allein kaum überlebensfähiges „Etwas" gezüchtet wird, steht dabei auf einen völlig anderen Blatt.

Von Pferden und Zäunen

Weiterhin stützt Sheldrake seine Theorie unter anderen mit dem unterschiedlichen Verhalten von Tieren über mehrere Generationen. Als ein Beispiel führt er das Verhalten von Pferden im Zusammenhang mit der Häufigkeit von Verletzungen durch Stacheldraht an. Kam es über zwei bis drei Generationen zu häufigen Verletzungen bei der Haltung auf mit Stacheldraht eingezäunten Weideflächen, so würde dies in der dritten bis vierten Generation von Pferden bereits abnehmen. In der fünften Generation würden dann bereits die Fohlen davor scheuen und nur noch selten hinein laufen.

Diese schlechten Erfahrungen wären nun in den morphischen Felder mit eingegangen, das kollektive Unterbewusstsein der Pferde würde nun darauf zugreifen können und nach wenigen Generationen würden die Fohlen beim Anblick von Stacheldraht böse

Vorahnungen bekommen, die sie aus dem kollektiven Unterbewusstsein, welches in den morphischen Feldern enthalten ist, beziehen.

Nun gerade dieses Beispiel mit den Pferden ist doch viel eher geradezu ein Schulbeispiel für die Flexibilität von Instinkten bei der Vererbung, statt auf morphische Felder zu schließen.

Ein Beispiel aus der Welt unserer Vorfahren soll dies verdeutlichen. Feuer ist schmerzhaft, Feuer ist unberechenbar, Feuer kann zum Tode eines Individuums führen. Wohl ein jedes Tier, das mit Feuer in Berührung kommen kann, hat dies als Information in seinen Instinkten ererbt und vererbt. So reagiert es auf Feuer mit Panik und Flucht. Einzig der Mensch lernte das Feuer zu seinem Vorteil zu nutzen. Dabei dürfte es auch hin und wieder zu äußerst schmerzhaften Verbrennungen gekommen sein. Er lernte, Feuer wärmt, durch Feuer wird Fleisch schmackhafter, Feuer erhellt die Nacht, Feuer schützt vor den Angriffen von Raubtieren. Er lernte jedoch auch, Feuer darf nicht zu groß werden, Feuer darf man nicht zu nah kommen, sonst schmerzt es.

Ein kleines Feuer bedeutet für unser Unterbewusstsein noch sehr viel mehr als nur ein romantischer Abend.

Und da wir diese Erfahrungen über viele hunderte von Generationen sammelten, so wurden die damit verbundenen Instinkte auch so fest in unser Erbgut mit verwurzelt, das sie auch nicht von einer Generation zur nächsten wieder verschwanden. Wir brauchen überhaupt kein offenes Feuer mehr für Beleuchtung, Heizung oder als Schutz vor wilden Tieren. Dennoch fühlen wir uns oft erst so richtig wohl und geborgen vor einen Kamin oder bei Kerzenschein.

Warum fühlen wir uns wohlig vor einen Kamin oder bei Kerzenschein? Das Feuer schützt uns nicht mehr, Beleuchtung und Heizung haben wir bessere. Es sind die in uns schlummernden Instinkte aus grauer Vorzeit, die tief in unseren Innern noch vorhanden sind. Die uns jedoch auch davor warnen dem Feuer zu nahe zu kommen, da es schmerzhaft werden könnte.

Wie schnell zusätzliche Instinkte entstehen und wie flexibel diese sind, ist sicher eine andere Seite. Machen viele Individuen einer Spezies durch widrige Umstände innerhalb kurzer Zeit wiederholt die gleichen schmerzhaften Erfahrungen, so wird es auch sehr viel schneller als instinktive Abneigung ins Erbgut Einzug halten, wie bei dem Beispiel vom Stacheldraht.

Von Wölfen, Hunden, Tauben und Vogelzug

Wer sich etwas näher mit Sheldrakes Theorien auseinandersetzen möchte, der wird schnell auf Bezüge im Verhalten von Hunden oder dem Heimfindesinn von Tauben stoßen. Deswegen wollen wir hier auch etwas näher darauf eingehen.

Unzweifelhaft setzen wir als gegebene Tatsache voraus, das es Hunde gibt, welche die Ankunft ihres Herrchens oder Frauchens bereits im Voraus zu erahnen, selbst wenn dieser zu unregelmäßigen Zeiten und in verschiedenen Fahrzeugen nach Hause kommt. Um dieses Verhalten richtig verstehen und deuten zu können, hatten wir bereits unter „Unsere Träume" die Lebensweise ihrer Vorfahren etwas näher betrachtet. So ist in der russischen Tundra zu beobachten, das einige Wolfsrudel Jagdreviere von bis zu 10.000 km² Größe beanspruchen. Es ist anzunehmen, das sich im Laufe der Evolution und über einen Zeitraum von hunderttausend Jahren und mehr, sich bei ihnen auch ein Instinkt ausbildete, der ihnen die Nähe oder die Richtung von Rudelmitgliedern auch ohne akustische Signale oder Geruchsspuren verrät. Insofern decken sich diese Annahmen mit Sheldrakes Ausführungen, nur gehen wir hier von einem angeboren und bislang unbekannten Instinkt aus, er hingegen von morphischen Feldern.

Etwas schwieriger wird die Angelegenheit beim Heimfindesinn von Tauben. Unzweifelhaft liegt da noch vieles im Dunklen, so finden Tauben selbst dann Heim, wenn ihnen die Augen mit milchigen Haftschalen verklebt wurden. Sheldrake spricht hier von so etwas wie einen unsichtbaren Band, das die Tauben mit dem Schlag verbinden würde.

Doch schauen wir uns zunächst als Vergleich die Sinnesleistungen von Zugvögeln an. Lange Zeit galt als eine mögliche

Orientierungshilfe die Ausrichtung nach den Magnetfeldlinien unserer Erde, doch auch immer mehr berechtigte Zweifel, die dagegen sprachen. Als unbestritten gilt jedoch, das sich Zugvögel nach dem Stand der Sonne, sowie nach vererbten Sternekarten orientieren können. Den Stand der Sonne sollen Zugvögel selbst noch bei geschlossener Wolkendecke durch die Richtung des polarisierten Lichtes wahrnehmen können. Auch das der Stand der Sonne nicht nur als Richtungsweiser schlechthin dient, sondern ebenfalls die Gradzahl, mit der diese sich im Verhältnis zur Tageszeit über dem Horizont erhebt. Weiterhin wird die Rolle der Magnetfeldlinien darauf beschränkt, das diese nur als Richtungsweiser für die Sternekarte dienen könnten. Beim Sonnenstand, ebenso beim Stand der Sternenkarte als Wegweiser geht man davon aus, das dieser ständig mit der inneren biologischen Uhr abgestimmt wird, um die Richtung zu halten. Erst in der letzten Flugetappe werden dann geodätische Anhaltspunkte als Ortsgedächtnis mit zur Hilfe genommen.

Ein Beispiel von vielen Experimenten soll dies verdeutlichen. Isoliert aufgezogene Jungvögel der Grasmücke wurden in einem Rundkäfig gehalten. Zu Beginn der Zugzeit wurde dieser Käfig dann so aufgestellt, das sie Ausblick auf den Sternehimmel hatten. Wenn sie ihre Zugunruhe durch Flatterbewegungen abreagieren wollten, so stellten sie ihren Körper in Zugrichtung auf. Wurde ihnen jedoch der Ausblick auf den Sternehimmel verwehrt, so wurde auch keine Priorität bei der angedeuteten Abflugrichtung der Flatterbewegung mehr beobachtet.

Das sich auch unsere Brieftauben nach dem Stand der Sonne richten, dafür gibt es eindeutige Belege. In Versuchen wurden Tauben tagelang in künstlichen belichteten Räumen gehalten und die Hell-Dunkel-Phasen um 12 Stunden verschoben. Als Ergebnis zeigte sich, das auch die Tauben um 180° verdreht in der Richtung abflogen. Scheinbar unklar bleibt hier noch die Frage, wie sie nun mit milchig verklebten Augen eigentlich den Schlag finden. Fanden sie auch oft nicht und ließen sich in der Nachbarschaft nieder. Eigentlich ein Zeichen dafür, das sie mit Hilfe von Magnetfeldlinien, Sonnenstand und Sternekarte zwar Richtung und Gebiet, also Längs- und Breitengrade orten können, doch wenn der Sehsinn beeinträchtigt ist, von allein oft nicht mehr zu ihren Jungen finden würde. Was nun eher gegen morphische Felder mit einem kollektiven Gedächtnis sprechen würde, welches eigentlich immer stärker werden müsste, je mehr sich Jungen und Eltern einander nähern.

Eine Frage die dabei bleibt, wie fanden unsere Vorfahren ihren Weg, auf lagen Völkerwanderungen, als es noch keine Wegweiser gab? Verkomplizieren wir hier nicht nur etwas, weil wir es möglicherweise verlernt haben?

Aussichten

Sheldrake spricht weiterhin von morphischer Resonanz. Informationen werden durch diese morphischer Resonanz von einem Wesen zu einen anderen Wesen der gleichen Art übertragen und beeinflussen sich gegenseitig.

Nun wollen wir hier keineswegs die Theorie der morphischen Felder gänzlich verneinen, auch wenn ich nicht Sheldrakes Meinung teilen kann, das eine morphische Resonanz aus dem kollektiven Unterbewusstsein entspringt, welches in den morphischen Feldern gespeichert ist. Wenn man sich diese als reine Felder der Informationsübertragung und Informationsspeicherung vorstellt, so wie in „Unsere Träume" beschrieben, so könnten sie ihre Daseinsberechtigung haben. Wie ebenfalls in „Unsere Träume" ausführlich beschrieben, es gibt keinen Prozess in dem uns bekanntem Universum, der ohne Informationen oder Informationsübertragung ablaufen könnte. Die Information ist weder materiell, noch in jeden Fall messbar und dennoch ständig präsent. Das Wesen der Information und der Informationsübertragung, ebenso die Rolle, die diese in allen Abläufen spielt, ist bisher in vielen Bereichen noch lange nicht befriedigend bekannt und erforscht.

Somit sollten auch andere und auf den ersten Blick ungewöhnliche Theorien niemals gleich für völlig irrational hingestellt und verurteilt werden. Ob wir auch in 20 Jahren noch von der Möglichkeit von morphischen Feldern hören werden, das entscheiden weniger Wissenschaftler, als vielmehr die Erkenntnisse, die wir bis dahin noch gewinnen werden.

Betrachten wir morphische Felder als in unserer Umwelt gespeicherte Informationen, so ergeben sich zwangsläufig vielfältige Übereinstimmungen zu dem in diesem Büchlein erläuterten

Möglichkeiten der Informationsübertragung und Informations-speicherung. Wir sind bei unseren Überlegungen zwar von anderen und realitätsnäheren Möglichkeiten ausgegangen, um möglichst nicht mit der Schulwissenschaft zu brechen, doch ob wir damit völlig richtig lagen ist ja ebenfalls eine andere Frage.

Auf der anderen Seite, seit dem der Mensch versucht seine Umwelt wissenschaftlich zu ergründen, so gelang ihm jede neue tiefgreifende und fortschreitende Erkenntnis nur, in dem er auf bereits vorhandenes Wissen aufbauen konnte. Zwar hat sich dabei oftmals eine neue Erkenntnis durchgesetzt und eine alte Theorie musste einer neuen weichen, doch diese neue Theorie konnte sich nur entwickeln, in dem sie auf bereits auf vorhandenes Wissen zurückgreifen konnte. Nehmen wir dazu wieder ein, zwei Beispiele.

Ein Charles Darwin hätte nie eine Evolutionstheorie aufstellen können, wären nicht die biologischen Grundkenntnisse seiner Zeit bereits soweit wissenschaftlich entwickelt gewesen, als das er dadurch über das notwendige Grundwissen verfügen und darauf aufbauend seine Theorie entwickeln konnte.

Ebenso hätte Albert Einstein nie seine Relativitätstheorie aufstellen können, hätte er nicht über das wissenschaftliche Grundwissen seiner Zeit verfügt. Jede wissenschaftliche Weiterentwicklung zur nächst höheren Erkenntnisstufe ist in der Regel nur möglich, wenn sie auf die vorausgehende Erkenntnisstufe aufbauen kann. Das damit auch Fehler und Irrtümer der vorausgehenden Stufe erkennbar und korrigierbar werden, ist eigentlich das Positive daran, auch wenn es ab und an von Seiten der Wissenschaft kaum so gesehen und oft kaum akzeptiert wird und wurde.

So sollte dieses Buch auch auf bereits vorhandene Erkenntnisse aus der Wissenschaft aufbauen, nicht jedoch gänzlich mit ihr brechen, wie es die morphischen Felder zum Teil tun, zumal es für ihre Existenz nicht den geringsten Anhaltspunkt gibt, der sich auch beweisen ließe. Vieles in diesem Buch beschriebene zwar ebenfalls nicht, ein Großteil jedoch schon, und anderes ließe sich dann beweisen, wenn man die Versuchsaufbauten ändern würde. Weg von der Suche nach irgendwelchen messbaren Energiefeldern, mehr hin zur Suche nach Informationsfeldern und es würden sich völlig neue Erkenntniswege ergeben.

Wenn sich hier oder dort durch Telekinese ein Material wie durch Geisterhand nur durch die Willenskraft eines Menschen verbiegt, so ist es entweder nicht möglich und wenn doch? Wenn doch hat die betreffende Person keine Energie ausgestrahlt, sondern Informationen. Diese Informationen haben eine Veränderung der Werkstoffinternen Informationen verursacht. Verändern sich die Werkstoffinternen Informationen, so hat dies entscheidenden Einfluss auf die Eigenschaften eines Werkstoffes. So könnte aus der Eigenschaft hart die Eigenschaft weich und biegsam werden.

Würde man jedoch das Wesen von Telekinese einmal von dieser Seite aus betrachten, eventuell wären dann auch auf diesem Gebiet völlig neue Einsichten möglich. Doch dazu bedarf es erst einmal einer neuen Offenheit der Wissenschaft gegenüber allen, was nicht gleich auf dem ersten Blick sich so leicht zu erkennen gibt, das es sofort berechenbar wäre.

Dimensionen

Die 5. bis 11. Dimension

Was wäre diese kleine Abhandlung ohne einen Blick auf den uns umgebenen Raum mit seinen Dimensionen. Hierbei geht es uns nicht so sehr um die ersten drei bis vier Dimensionen, denn das wir in einen dreidimensionalen Raum leben – Länge x Breite x Höhe – und diesen in einer bestimmten Zeit durcheilen, wobei die Zeit die vierte Dimension darstellt, das dürfte wohl jeder Heranwachsender in der Schule bereits gelernt haben.

Viel wichtiger und hier spricht man von vornherein von einem vierdimensionalen Raum oder vierdimensionalen Raumzeitgefüge, werden diese Grundkenntnisse bereits, wenn wir uns mit den Vorgängen im Universum beschäftigen. Doch darüber wurde bereits sehr viel geschrieben, oder in populärwissenschaftlichen Sendungen berichtet, das auch dieses unter Allgemeinwissen abgelegt werden kann.

Nun steht die Wissenschaft nicht still und seit dem letzten Jahrhundert bemühen sich namhafte Wissenschaftler vergebens eine einheitliche Weltenformel zu finden, bisher eher erfolglos. Um diesem Ziel jedoch ein wenig näher zu kommen, war man bemüht eine Brücke zwischen den wissenschaftlichen Forschungs-ergebnissen zwischen den Gebieten des Mikro- und Makrokosmos zu schlagen. Wie der Name schon andeutet, bei den wissenschaftlichen Disziplinen des Mikrokosmos beschäftigt man sich mit den physikalischen Eigenschaften kleinster Teilchen, auch unter dem Begriff Quantenphysik hinreichend geläufig. Bei den Forschungen auf der Ebene und im Bereich Makrokosmos geht es um die Relativitätstheorie, sowie damit verbundene Zusammenhänge.

Nun würde man bei den vielen großen, und in genauso vielen Teilbereichen auch noch weitgehend ungelösten Fragen nach der Entstehung, Entwicklung und natürlichen Gesetzmäßigkeiten unseres Universums kaum einen Schritt weiter kommen, würden beide Bereiche dieser wissenschaftlichen Disziplinen getrennt voneinander betrachtet und behandelt. Eine Brücke als gemeinsame Grundlage musste geschaffen werden.

Dazu wurde die String-Theorie entwickelt, die heute von der Mehrheit der Quantenphysiker anerkannt ist. Diese String-Theorie besagt, das jedes Quark als Urteilchen der uns bekannten Materie 6 Ladungen besitzt und diese sechs Ladungen die 6. bis 11. Dimension bilden. Daraus ergeben sich dann folgende Dimensionen für unser heutiges, derzeitiges Weltbild:

1. Länge
2. Breite
3. Höhe
4. Zeit
5. Wärme – dazu kommen wir noch –
6. Spinnladung
7. schwache Ladung
8. elektrische Ladung
9. Farbladung
10. schwere Ladung
11. Leptonenladung

Diese Ladungen sollen sich in einem 6-dimensionalen Ladungsraum befinden.. Gesehen hat ihn zwar noch niemand, doch mit Quantenzahlen lässt sich dieser halt berechnen und definieren. Das sich nun daraus ergebene 11 dimensionale Weltbild hat den großen Vorteil, es lässt sich zu Berechnungen der Quantenphysiker wohl genauso heranziehen wie für Berechnungen im Bereich Makrophysik, bzw. steht zu Berechnungen letzterer nicht im Wiederspruch.

Betrachten wir uns den Begriff Dimension einmal etwas näher. Eine Dimension ist ja vom Prinzip her nichts anderes als eine berechenbare Einheit und spiegelt den Zusammenhang einer mathematischen oder physikalischen Größe zu den Grundgrößen des verwendeten Maßsystems wieder. Wenn nun die vorhandenen Größen sich als nicht ausreichend erweisen, damit bestimmte Rechenwege ein in ihren Gleichungen befriedigendes Ergebnis liefern, so kann man weitere Dimensionen heranziehen und einsetzen. Unter diesem Gesichtspunkt wundert es auch nicht mehr, das einige Rechenkünstler Anti- und Parallelwelten erfinden, dadurch sich die Anzahl der Dimensionen mehr als verdoppeln lässt und nun kommt das eigentlich Paradoxe, diese abstrakten Gebilde dann auch noch als Theorien vertreten. Bleibt die große Frage, ist unser Universum wirklich auf Zahlen aufgebaut? Wenn nicht, lässt sich dann jemals alles berechnen oder nur in Näherungsgleichungen ohne Vervollkommnung einige Schritte auf dem Weg zur Erkenntnis voranschreiten?

Mit den einfachsten Messgeräten zur Messung er ersten drei allgegenwärtigen Dimensionen ist wohl jeder vertraut. Doch wie misst man mehr als 20 Dimensionen, von denen ein Teil nur in der Theorie vorhanden sind?

Wie dem auch sei, wollen wir uns hier die Wärme noch etwas näher betrachten und diese als 5. Dimension einsetzen. Sie meinen Wärme wäre gar keine richtige Dimension, eher nur ein Zustand oder Form von Energieabgabe? Ja auch, und dennoch ist sie für unser Leben nicht weniger wichtig als der Raum in dem wir leben und die Zeit von der wir beeinflusst werden.

Versuchen wir zuerst den Begriff der Wärme etwas zu definieren. Jeder Körper ist aus Teilchen, den sogenannten Molekühlen aufgebaut. Diese Teilchen führen in gewisser Hinsicht ein Eigenleben und schwingen in Abhängigkeit von ihrer kinetischen Energie. Je größer diese kinetische Energie eines Teilchens ist, je heftiger sind auch dessen Schwingungen, je größer ist auch die abzugebene Wärmemenge dieses Teilchens. Was ist jedoch Zeit? In gewisser Hinsicht doch auch nur die messbare Bewegung des Universums mit seinen in ihm enthaltenen Teilchen.

Der niedrigste Temperaturwert entspricht 0 K = -273,15 °C. Würde sich die gesamte uns umgebene Materie bis zu diesen Punkt abkühlen, so gebe es auch keine Teilchenbewegung mehr. Dort wo es keine Teilchenbewegung mehr gibt würde nicht nur alles Leben einfrieren und erstarren, es würde auch die Zeit einfrieren, da ohne Bewegung keine messbare Zeit nachweisbar wäre. Da Zeit, Wärme und Leben dadurch in einem sehr engen Zusammenhang zu sehen sind, das eine ohne das andere weder vorstellbar noch berechenbar wäre, so können wir die Wärme hier auch als Dimension stehen lassen.

Noch weitaus interessanter wird dieser Zusammenhang jedoch bei der Frage, läuft die Zeit für alle Lebensformen gleichmäßig ab und im selben Rhythmus? Erleben wir nur die Zeit als halbwegs konstant fließend, da wir in einen genauso halbwegs konstanten Temperaturbereich von 36 bis 37 °C leben?

Eine Antwort die wir wohl hier bejahen können. Nehmen wir dazu als erstes Beispiel einen heranwachsenden Menschen. Zwar kommt es da auch zu periodischen Wachstumsschüben, doch stehen diese eher in einem direkten Zusammenhang mit seinem jeweiligen Lebensalter als dem Temperaturbereich in dem er lebt, denn dieser beträgt ja in der Regel cirka 36 °C. Anders ein Baum, dessen Temperaturbereich im wesentlichen nicht viel über der jeweiligen Umgebungstemperatur liegt. Hier setzt ein Wachstumsschub erst ab einer entsprechenden Höhe der Umgebungstemperatur ein, in der restlichen Zeit ruht er.

Nun ein Baum kann uns nichts berichten, außer an seinen Wachstumsringen ist für uns nicht nachvollziehbar, wann für ihm die

102

Zeit langsamer oder schneller verfloss. Doch wie sieht es bei tierischen wechselwarmen Lebensformen aus?

Machen wir dazu nur in Gedanken ein Experiment. Unser Versuchsaufbau sehe dann etwa folgendermaßen aus. Bei einem Mensch als ersten Versuchspartner, sowie einen beliebigen Reptil, sagen wir eine Eidechse als zweiten Versuchspartner leiten wir die Hirnströme der Sehnerven über Elektroden so ab, das wir diese digitalisiert als Langzeitvideo aufzeichnen können. Dieser Versuch müsste dann mindestens über 12 Monate laufen. Nach Ablauf des Experimentes ergebe die Auswertung folgendes. Das Video der menschlichen Versuchperson würde für uns keinerlei Überraschungen bieten. Anders die Videoaufzeichnungen der Eidechse, hier wäre das Jahr von 12 auf eine Zeitspanne von 8 bis 9 Monate zusammengeschrumpft, von Frühling bis Herbst, der Winter würde fehlen.

Die Frage die bleibt, ist die Zeit für die Eidechse wirklich geschrumpft? Ja, da nicht nur ihre biologischen Funktionen sich annähernd gegen Null reduzierten, sondern auch die Schwingungen in ihren Molekühlen sich erheblich in diesem Zeitraum verlangsamten.

Anders beim Menschen in seinen Traum- und Schlafphasen, hier senkt sich die Körpertemperatur in der Nacht nur geringfügig ab und unterschreitet kaum die 35 °C. So können wir auch nach dem Erwachen anhand der verstrichenen Zeit in etwa abschätzen, haben wir lange oder nur kurz geschlafen. Für eine Eidechse wird es jedoch immer so sein, als hätte sie sich gerade gestern unter einem Stein oder in ein Schlupfloch verkrochen.

Bleibt noch eine Frage offen, ist hier nur die Wahrnehmung der Zeit geschrumpft oder die Zeit an sich? Eine nur sehr schwer zu beantwortende Frage. Würden wir nun keine warmblütige Lebensform sein, sondern auch wie die Eidechse aus unserem Gedankenexperiment wechselwarm, so hätten wir auch unsere Umgebung seit Jahrtausenden völlig anders wahrgenommen, mit ihm die Beobachtungen der Abläufe in unserem Universum. Hätten wir jedoch all diese Abläufe ganz anders wahrgenommen, hätten wir auch andere Theorien entwickelt und andere Grundlagen für deren Berechnungen und Beweisführung geschaffen. Denn bei allen dürfen wir eines nie unbeachtet lassen, unsere ganzen heutigen wissenschaftlichen Fortschritte haben sich nur auf der Grundlage von

Beobachtungen entwickelt, die unsere Vorfahren einst machten. Zwar wurden diese in Teilbereichen gerade in den letzten Jahrhunderten mehrfach revidiert, teilweise unter heftigsten Widerspruch, doch ohne diese Vorläufer in Form von Beobachtungen gäbe es unsere heutige Wissenschaft gar nicht in all ihrer Blüte. Auch wenn einige Blüten dieser Wissenschaft wirklich nichts weiter zu sein scheinen als eben Blüten, die kaum eine andere Aussicht wie das Verwelken haben.

Doch nicht nur in bezug auf unser unmittelbares Leben ist ja die Wärme als Dimension eine gewichtige Größe. So lässt sich an Hand der Abkühlungskurve des Universums berechnen, mit welcher Geschwindigkeit es seit dem Urknall auseinander driftet. Ebenso an Hand der Rotverschiebung, des von einen weit entfernten Sterns ausgesandten Lichtes, sich dessen Entfernung berechnen und anderes.

Chaostheorie

Ein kurzer Abriss

Oft nahmen wir im Verlaufe dieses Buches bezug auf Begriffe wie Chaos oder Chaostheorie. So wollen wir im letzten Teil auf dieser Theorie noch etwas eingehen.

Eines der größten Schwächen der Wissenschaft, und das bezieht sich nicht nur auf die ach so moderne Schulwissenschaft, alles müsste sich in Zahlen, Formeln und Gleichungen ausdrücken lassen. Doch um dieses zu können müsste ja unser Weltall wie ein digitales System auf berechenbare Zahlen und Größen aufgebaut sein. So ist es eine Frage, an der sich Geister scheiden können.

Was wenn dem nicht so ist, dann wären Gleichungen immer nur Nährungswerte und anderes würde sich nie eindeutig berechnen lassen. Doch bevor ein Rechenkünstler nun zugeben würde, das seine Rechenkünste doch reichlich oft versagen, was tut er wohl in Fällen dieser Art? Er führt eine neue Theorie ein, die das unberechenbare umschreibt, nennt es Chaostheorie und hat nun von neuem etwas zu berechnen, nämlich die Wahrscheinlichkeiten aus dem Chaos.

So ist es auch selbst bei vielen uns selbstverständlichen Dingen. Nehmen wir einmal die ganz normalen Umlaufbahnen der Planeten um unsere Sonne. Längst in allen Einzelheiten berechnet werden sie jetzt vielleicht denken. Nein so ist es nicht ganz. Man hat zwar ohne weiteres die Umlaufbahn jedes einzelnen Planeten um die Sonne berechnet, dabei jedoch die Wechselwirkungen der Planeten unter sich einfach weggelassen. Warum, diese Wechselwirkungen der Planeten beeinflussen sich zwar gegenseitig, doch gleichzeitig ist diese Wechselwirkungen auch so gering, das sie vernachlässigbar klein sind. Doch das eigentliche Problem, die dabei anfallende Datenmengen wären so groß, das sich selbst Hochleistungsrechner der neusten Generation noch daran verschlucken könnten. Lieber spricht man von einer chaotischen Vielfalt, nicht weil es sich hierbei um echte chaotische Vorgänge handelt, sondern vielmehr um die Unfähigkeit diese Daten in Zahlen zu erfassen und im Zusammenhang zu berechnen.

So kommt ein Schubladendenken und Schubladentheorien heraus, etwas anderes stellt diese Chaostheorie teilweise nicht dar. Der eine berechnet in einer Schublade einen Prozess, der eine berechenbare

Größe bildet und kommt zu einem Ergebnis, andere tun es ihm gleich. Viele Schubladen werden dann zusammengesetzt und sollen ein Abbild der Realität ergeben, welches z.B. die natürlichen Prozesse auf der Erde wiederspiegeln sollten. Doch die mannigfaltigen Wechselwirkungen in der Natur werden dadurch oft nur unzulänglich wiedergegeben. So kann es passieren, würden die Schubladenbereiche vor Beginn der Berechnungen etwas anders verteilt, würden eventuell recht abweichende oder gänzlich andere Ergebnisse heraus kommen. Man weiß dies und schiebt die eigene Unfähigkeit als Ausrede wieder der Chaostheorie in die Schuhe. Es wäre eben eine chaotische, nicht berechenbare Vielfalt an Lösungsmöglichkeiten und Variablen vorhanden.

Doch ist es wirklich an dem?

Ja und nein!

In zwei berüchtigten Beispielen versuchen Anhänger dieser Chaostheorie immer wieder ihre Ansichten zu untermauern. Bei dem einen ist es ein Beispiel mit verschiedensten Pendeln mittelst magnetischen Endpunkten, wo es nicht möglich ist eine Aussage vorher rechnerisch zu treffen, an welchen der beiden Endpunkten nun das Pendel aufhören wird zu schlagen. Doch handelt es hier wirklich um eine Aussage? Nein, denn die Aussage ist ja nur falsch definiert. Denn das Pendel wird auf jeden Fall aufhören zu pendeln und zum Stillstand kommen, das wo ist möglicherweise völlig irrelevant. Im Zuge der Evolution ist es hundertprozentig irrelevant, denn bei Zwei- bis Dreimilliarden Versuche werden die Stillstandsseiten sich die Waage halten. Es sei denn es liegen weitere äußerliche Einflüsse vor, die den Ablauf geringfügigst beeinflussen. Ja und gerade diese Einflüsse wurden bei diesem Beispiel gar nicht bedacht. Doch gerade sie sind es ja, die eine evolutionäre Entwickeln erst ermöglichen. Würde sich etwas ständig die Waage halten, könnte eine Seite nie etwas Oberhand über die andere erlangen, es würde Stillstand bedeuten.

Jeder Züchter weiß dies. Erst wenn er sich bemüht von der einen Hälfte etwas mehr an Rassemerkmalen durch gerichtete Zuchtauswahl einfließen zu lassen, dadurch die Waage und das Pendel etwas zu seinen Vorstellungen zu verschieben, wird er auch Erfolg damit verzeichnen können. Hierbei handelt es sich um einen bewussten Eingriff, doch wie sieht es ohne menschliches Zutun aus? Sind es da nicht auch geringste Einflüsse, wie Klimawandel und weiteres, welche für die evolutionäre Entwicklung entscheidend waren?

Wenn wir ein schwarzes Tierlein und ein weißes Tierlein auf eine Insel aussetzen würden, sicher wäre die anfängliche Variationsbreite in der Farbgebung der Jungtiere so groß, das wir von chaotisch vielen Möglichkeiten sprechen könnten. Jedoch nach einigen hundert oder tausend Jahren wäre mit großer Wahrscheinlichkeit damit zu rechnen, das die Farbe sich der natürlichen Umgebung angepasst hätte. Also würden wir diese Umgebungseinflüsse von Anfang an mit berücksichtigen, so könnten wir möglicherweise nicht berechnen, dafür jedoch abschätzen, in welcher Farbrichtung sich die Tiere vermutlich entwickeln werden. Was man jedoch abschätzen kann, kann nicht chaotisch sein, sondern nur nicht berechenbar.

So sollten wir hier vielleicht lieber von einer Theorie der Waage mit abschätzbaren Ausgangsmöglichkeiten sprechen und würden dadurch der Sache näher kommen?

Auch wird wiederholt das Wetter als Beispiel für die Chaostheorie herangezogen. Einige der größten Chaosanhänger ließen auch den Begriff Schmetterlingstheorie in diesem Zusammenhang populär werden, weil angeblich der Flügelschlag und damit verbundene Miniluftwirbel eine Wetterlage zu verändern vermag. Nun damit das Wetter umschlägt, da reicht auch noch kein Jumbojet aus. Mag sein das es nie möglich sein wird alle irgendwie relevanten Daten zu erfassen und auszuwerten. Und dennoch ist es ein völlig falsches Beispiel für die Chaostheorie, schließt man einige besonders stürmische Witterungsverläufe hiervon aus, so ergibt sich ein entgegengesetztes Bild. Doch jeder Bauer war einst in der Lage das Wetter recht genau für 24 Stunden abzuschätzen und selbst unser täglicher Wetterbericht irrt sich ja nur gelegentlich erheblich. In der Regel kann man ihm schon soviel Zutrauen entgegen bringen, wenn es ab übermorgen wieder schöner oder kühler werden soll, das dies dann plus/minus 24 Stunden auch eintritt. Doch wäre das möglich wenn wir hier von einer unberechenbaren chaotischen Vielfalt der Möglichkeiten ausgehen würden?

Es wird niemals alles berechenbar sein, doch vieles was nach der falschen Auslegung der Chaostheorie angeblich absolut nicht berechenbar ist, ist dennoch nichts desto trotz gut abschätzbar. Jede Schätzung ist jedoch eine Prognose, gleich ob im Traum oder im realen Leben.

Gerade unsere Träume und unser Leben zeigen uns doch immer wieder, jeden Morgen wenn wir aus dem Bett steigen haben wir eine chaotische, nicht berechenbare Vielfalt an Möglichkeiten, wie wir den Tag verleben. Diese Vielfalt ist so chaotisch groß, das sie von keinem Großrechner bewältigt werden könnte. Uns kann eine schwarze, eine graue, oder eine weiße Katze von rechts nach links, oder links nach rechts über den Weg laufen, sie kann einen weißen Fleck haben oder einen rotbraunen, oder auch keine Katze, dafür ein Vogel vor uns auffliegen und uns die gerade gereinigten Sachen bekleckern. Ein Spatz, eine Meise oder einer der vielen anderen europäischen Arten oder auch nicht. Wir könnten uns am Frühstückstisch mit dem Brotmesser verletzen, mit der Gabel pieksen oder eben nicht, wir könnten uns mit heißen Kaffe verbrühen oder auch nicht und, und, und. Eine Variationsbreite, die eigentlich nicht überblickbar, auf keinen Fall jedoch berechenbar ist. Würde man dies alles hochrechnen, es ist chaotisch viel und ginge einfach nicht zu berechnen.

Würden wir die Chaostheorie nun allzu wörtlich und ernst nehmen und von ihr so recht überzeugt sein, so wäre jeder Tag für uns am frühen Morgen noch wie ein Lotteriespiel. Fängt er mit Pech und Übel an und endet in einem Dilemma oder mit einem entspannenden Abend. Nach der Chaostheorie würden jeden Morgen die Chancen 50% zu 50% stehen, ob der Tag in einem Dilemma endet. Doch wie sieht die Realität aus und dieses Zünglein an der Waage?

Unser Hirn schafft es in der Regel , und Ausnahmen bestätigen ja nur diese Regel, uns spielend so zu koordinieren, das wir den Tag so erleben, wie es uns am sinnvollsten erscheint. Also sind alle Daten für unser Hirn greifbar vorhanden, abrufbar und abschätzbar, um uns so zu steuern, das der Tag möglichst nicht in einem Dilemma endet. Und so schafft auch unser Hirn im Schlaf Prognosen zu bilden, die eigentlich weit über das Vorstellbare hinaus reichen.

Nun wollen wir die Chaostheorie hier auch nicht verneinen, nur ihre allzu oft leichtfertig gebrauchte Auslegung ins rechte Licht rücken. Sie hat da nichts verloren, wo die Wahrscheinlichkeit von Ereignissen zwar mit heutigen Mitteln auf Grund der Vielzahl von variablen Einzelgrößen kaum berechenbar, dennoch gut abschätzbar ist. Die Informationen liegen ja in diesem Fall vor, nur in so einer großen Vielzahl, das sie nicht mehr vom Menschen und seinen derzeitigen technischen Mitteln berechenbar sind, doch für unser natürliches Hochleistungsaggregat von Gehirn so gut abschätzbar und prognostizierbar bleiben, um recht zuverlässige Aussagen treffen zu können. Sie gehört vielmehr in Bereiche, in denen ein chaotischer Zustand auf Grund fehlender Informationen dominierend ist. Als erstes hätten wir da wieder unseren Großbrand oder unseren PC-Absturz. Hierbei gingen von Menschenhand gespeicherte Information verloren. Stellen wir uns vor, auf dem PC befanden sich die Lohnabrechnungen einer Großfirma und es wurde versäumt diese Daten zu sichern. Jeder kann sich gut vorstellen, das dies ein Chaos auslösen würde, auf Grund der nun fehlenden Informationen um den Lohn richtig auszahlen zu können.

Es bildet sich zwar daraus wieder eine neue Information, die Information über den Absturz, die noch lange in den Köpfen der Angestellten spuken wird, doch erst einmal sitzen wir durch diese jetzt fehlenden Informationen so richtig im Chaos. Doch hierbei handelt es sich um ein von Menschen gemachtes Chaos.

Finden wir auch in der Natur Beispiele für einen absoluten Informationsmangel und daraus resultierenden Chaos?

Dort wo das natürliche Gleichgewicht intakt ist, weniger oder kaum. Zwar handelt es sich hier um eine unberechenbare Vielzahl an Einzelinformationen, doch die Natur schafft es irgendwie diese im natürlichen Gleichgewicht – unsere bereits erwähnte Waage – zuhalten. Erst wenn der Mensch mit seinen unzureichenden Kenntnissen auf Grund unzureichender Berechnungen eingreift, geht dieses Gleichgewicht verloren, Informationen wiedersprechen sich und es kommt zu einem Chaos im Geschehen. Denken wir hier nur an die letzten Hochwasserkatastrophen.

Informationsmangel ist noch heute überall im Universum anzutreffen, doch nicht mehr in dieser Größenordnung wie zur Zeit des Urknalls. Es hatte ja Milliarden von Jahre Zeit um ständig neue Informationen zu bilden, um ein kosmisches Gleichgewicht in allen Phasen der Evolution zu halten. Und Evolution ist ja nichts weiter, als dieses Zünglein an der Waage ständig aufs Neue zu korrigieren. Wenn an unserer Theorie etwas dran ist, das die Zeit eigentlich nur das Maß der Dynamik der Bildung und des Zuwachses von Informationen ist, so würde es auch ein stetiges Anwachsen dieser Informationen bedeuten.

Quellenverzeichnis

Bei der Recherche zu diesem Buch habe ich neben einer Reihe literarischer Werke eine Vielzahl von Webseiten besucht, zu viele um alle zu behalten. Deshalb hier nur stellvertretend einige Webadressen:

www.necnet.de/planckwelt/ - von Fred Möller – Eine besonders gelungene Webpage zu allen Themen der Astro- und Quantenphysik mit einem geschichtlichen Überblick der größten wissenschaftlichen Entdeckungen. Durch diese Webseiten wurde ich erst zu dem Thema Wärme als 5. Dimension animiert.

www.stangl-taller.at - Werner Stangel – seine Arbeitsblätter sind sehr informativ, vor allem was den wissenschaftlichen Stand der Hirnforschung anbelangt.

www.sheldrake.org - Alles was sie über die Theorie der morphischen Felder wissen möchten.

www.biophotonen-online.de - Wohl die wichtigste Seite über Fritz-Albert Popp und der Biophotonenforschung.

Bildquellen

Das Titelbild, sowie die Bilder auf den Seiten 16, 20, 31 und 50 wurden mit Terragen gerendert und mit Hemera Photo Objects komplettiert.
Ebenfalls wurde das Bild auf Seite 88 und 93 mit Hemera Photo Objects komplettiert. Als Hintergrund des Bildes auf Seite 88 diente dazu ein Bild von www.motivschmiede.de
Das Bild auf Seite 82 ist eine Collage von copyrightfreien Aufnahmen. Alle anderen Bilder und Zeichnungen wurden mit Paint selbst erstellt.

Notizen